KB273004

두런두런

인성
이야기

참 사람다움의 회복! 실천하는 인성교육!

두런두런 인성 이야기

K STEAM Edu
한국융합인재교육원 지음
Korea ShareTalent Experience with All Members Edu

씨앤톡
See&Talk

• • • • • 차례 • • • • •

주변을 둘러보세요. 참 좋은 인성의 사람이 많습니다. 아픈 사람, 힘없는 사람을 보면 도와주고 싶은 마음에 눈물을 글썽이며 손을 잡으려 하는 사람이 많습니다. 멋지고 원대하며 가치 있는 꿈을 꾸며 가슴 설레어 하는 사람이 많습니다. 혼자 가기 힘들다며 함께 성장하자고 손 내미는 사람도 많습니다. 그런데 이렇게 좋은 사람들이 모여있음에도 가끔은 삐걱거리게 되는 이유가 무엇일까요?

좀 더 큰 범위에서 보면 삐걱거리는 수준을 넘어 위기를 느끼기도 합니다.

가정은 갈등과 불신으로 어긋나고, 학교에서는 정글의 법칙처럼 폭력이 나타나고, 여러 강력 범죄 소식으로 두려움에 서로를 경계하고, 불의를 보고도 말하지 못하는 비겁함과 이기심으로 점철되어 가고 있습니다.

이렇게 곪아 터지는 세상을 향해 여기저기서 인성교육의 필요성이 대두되는 것은 당연한 일입니다. 그렇다면 인성의 회복을 위해서는 무엇이 필요할까요?

우리가 필요합니다. 내가 아닌 우리를 생각해야 인성교육이 참다워집니다.

다른 이들과 함께하며 깊은 이해를 하게 되면, 불필요한 갈등 없이 친밀하고 협동적인 인간관계를 이루고 자신이 지닌 무한한 잠재력을 키울 수 있습니다.

그렇다고 자신을 버리라는 것이 아닙니다.
참사람으로 자란 '나'여야 비로소 참다운 '우리'가 됩니다.

우리 이제 정겹게 이야기하며 지내볼까요? 생김과 생각이 다른 우리가 한자리에 앉아 두런두런 이야기하는 모습을 그려봅니다. 아이들에게 이런 모습을 자주 보여주세요. 치열하고 경쟁적인 세상에서 이런 모습이 많아진다면 더 이상 인성 회복을 말할 필요 없이 따뜻해질 것입니다.

하루의 일상에서도 1초의 재미, 1g의 나눔, 1cm의 성장을 위해 일하는 우리는 '같이'하는 것의 '가치'를 알기에 노력합니다.
그 노력으로 탄생한 '두런두런 인성 이야기'를 정겨운 마음으로 여러분에게 들려드립니다.

김경미 · 류경신 · 이강석 · 이남현 · 이성옥 (가나다순)

제1장

인성이 실력이다

· · · · · 학습 목표 · · · · ·

1. 인성의 의미를 이해할 수 있다.
2. 미래의 인재상을 알 수 있다.
3. 인성 덕목을 살피며 그 덕목을 이해할 수 있다.

1. 인성의 의미

1) 인성(人性)의 의미

① 사람의 성품(personality, character) : 각 개인이 가지는 사고와 태도 및 행동 특성

  *드러나는 인성 : 내가 가지고 있는 생각과 감정이 말과 행동으로 표현됨

② 참사람다움(humanity) : 인간을 인간답게 하는 인간의 순수한 본질

2) 뇌의 3중 구조와 인성

★ 뇌 : 우리의 생각과 감정, 말과 행동의 사령관

① 뇌의 3중 구조

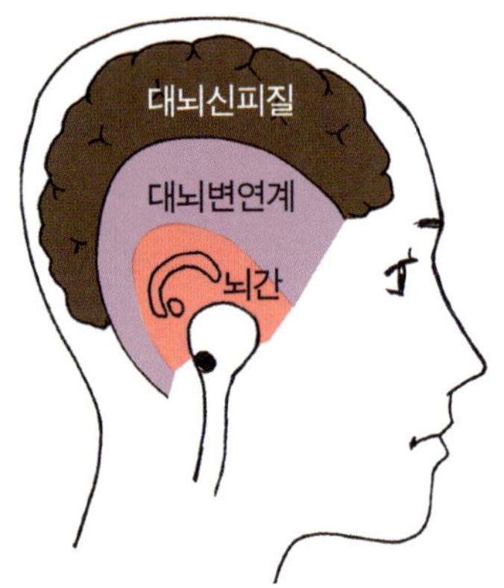

a. 기능
- 뇌간(파충류 뇌) : 생명유지 활동
- 대뇌변연계(포유류 뇌) : 본능, 감정 관장
- 대뇌신피질(인간 뇌) : 충동억제, 판단력, 사고력
* 대뇌신피질의 활동이 사람과 동물의 차이를 만듦

b. 에너지의 공급순서
- 뇌간 → 대뇌변연계 → 대뇌신피질
* 감정이 안정되어 대뇌변연계에 에너지가 충만할 때
  대뇌신피질의 활동이 활발해짐

② 대뇌신피질(인간 뇌)의 활동에 따라 동물과 구별되어 인간만이 가지고 있는 능력(사고력, 충동조절 등)이 발휘되면서 인성이 자라나고 참사람다움이 회복된다.

3) 인성의 시작, 정서지능(Emotional Intelligence)

★ 정서지능 : 인간만이 지니고 있는 정서관리 능력

① 정서지능의 구성요소
- 자신과 타인의 감정을 인식하고 적절히 표현하는 능력
- 자신과 타인의 감정을 효과적으로 조절할 줄 아는 능력
- 자신의 생각과 행동을 결정하는데 그런 감정을 적절하게 활용하는 능력
- 다른 사람의 감정에 민감하고 다른 사람의 감정을 수용하는 능력
- 다른 사람의 감정을 인식하고 적절하게 대처하여 관계를 형성하는 능력

② 정서지능의 중요성
- 마음의 힘(나) : 자기통제(Self control), 동기부여, 회복탄력성(어려움 극복)
- 마음을 얻는 힘(타인) : 관계형성 및 소통능력, 사람을 통해 성과창출
*행복한 삶을 살아가기 위해 꼭 필요한 힘

2. 미래의 인재상

★ 올바른 인성을 갖춘 창의적 인재 (융합된 역량)

창의성

새롭고 가치 있는 것을 만들어 내는 능력

인성

창의성을 사회 속에서 의미 있게 적용하는 능력

• 새로운 관점, 끊임없는 열정과 몰입으로 문제를 해결하는 사람

• 변화에 유연히 대처하며 목표 지향적 사고와 행동을 하는 사람

• 다양하고 개성이 강한 사람들을 연결하고 함께하는 능력을 갖춘 사람

• 공감과 소통을 통해 지식과 생각을 모아 새롭게 펼칠 수 있는 열린 사람

*아무리 창의적 산물이라도 인성이 더해지지 않으면 인류에 엄청난 재앙을 가져올 수도 있다. ex) 다이너마이트 : 광산 개발용 vs 전쟁

3. 청소년 인성교육의 필요성

1) 인성교육의 필요성이 대두된 여러 가지 사회 현상

　① 반인류적 범죄 급증으로 인한 안전지대가 없다.

　　- 불특정 대상 범죄, 군대 폭행, 학교폭력, 성폭력, 패륜적 범죄 등

　② 과정에 최선을 다하기보다 결과, 성과 중심적 생각이 재난을 불러온다.

　　- 세월호 사건, 건물 붕괴, 환경 파괴, 각종 비리 등

　③ 인터넷, 다양한 매체의 발달을 통한 각종 부작용이 크게 대두되고 있다.

　　- 진화하는 학교 폭력, 사이버 불링(Bulling, 왕따) 확산

　　- 인터넷 중독, 스마트폰 중독 등 조절 능력 상실

- 영상매체(폭력영화, 인터넷, 게임 등)를 보고 따라하는 모방범죄 급증

- 익명성 범죄(악플, 조작, 사기, 해킹 등)의 극성

- SNS와 인터넷을 통한 각종 불법 거래 확산

* '나 하나만'이 아니라 '우리 모두'의 인성이 회복되어야 진정한 해결방법 !!!

2) 청소년의 인성… 우리의 현주소는?

대한민국 중학생 인성 수준   ※100점 만점, 80점 이상이면 양호, 67점 이하면 미흡

정직	61.7
정의	81.3
법준수	68.8
책임감	74.5
공감	76.4
소통	75.0
배려	63.6
협동	69.5
자기이해	69.9
자기조절	64.3
전체 평균	69.8

자료: 경희대 · 중앙일보 공동조사

- "친구요? 엄마가 다 필요없대요. 공부만 잘하면 된다고요. 저도 그렇게 생각해요. 어차피 저희를 판단하는 건 성적이니까."   – 서울 중랑구 A중 1학년 여학생

- "왕따 당하지않으려면 왕따시켜야 해요. 내가 살려면 마음 내키지 않아도 다른 애를 괴롭혀야 돼요."   – 서울 동대문구 B중 2학년 남학생

• "대화의 절반은 욕이죠. 다들 그렇게 하니까 아무렇지 않아요. 부모님도 욕을 섞어
쓰니까 우리에게 뭐라고 못 하죠."

– 서울 강남구 C중 1학년 남학생

– 2013년 9월 23일 중앙일보 (사람됨의 위기)

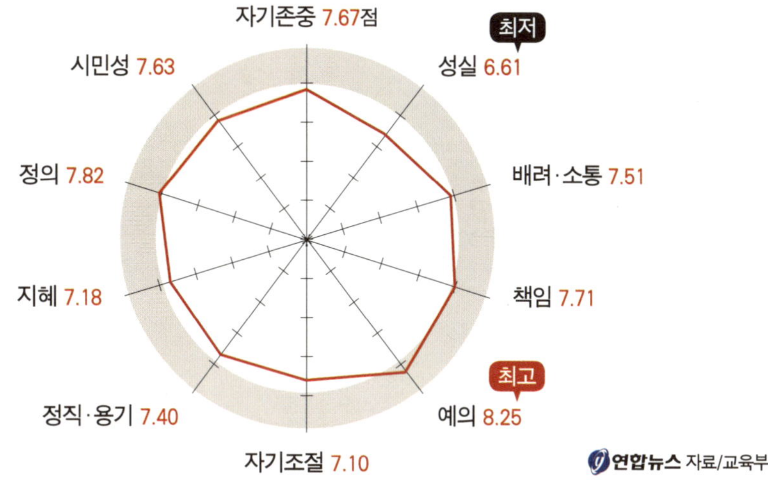

• 교육부는 한국교육개발원(KEDI)이 개발한 표준화 인성검사를 초등학교 5학년생, 중
학교 2학년생, 고등학생 1학년생 등 4만 명을 대상으로 실시한 결과를 19일 발표했다.

– 2014년 8월 14일 연합뉴스

4. 인성교육과 덕목

1) 인성교육진흥법의 인성교육

① 자신의 내면을 바르고 건전하게 가꾸며 ② 타인, 공동체, 자연과 더불어 사는 데
필요한 인간다운 성품과 역량을 기르는 것을 목적으로 하는 교육

2) 참사람다움을 회복하는 인성 덕목

① 나의 내면을 가꾸는 인성 덕목

- 믿음, 성실, 용기, 도전, 정직, 자기존중, 인내, 자기 조절

② 더불어 살아가는 인성 덕목

- 책임, 나눔, 공감, 용서, 감사, 협동, 경청, 예의, 배려, 효, 소통, 약속

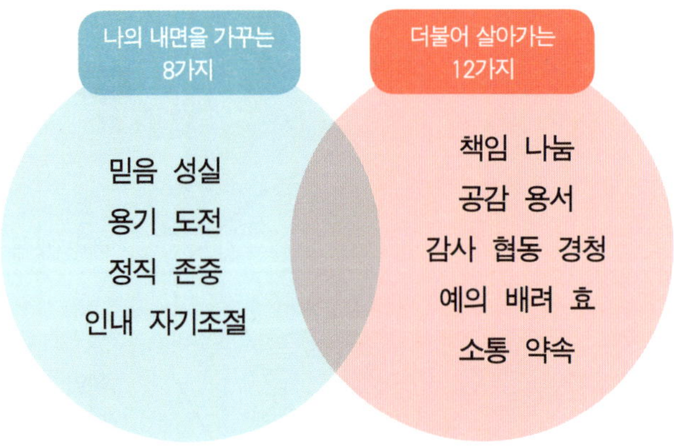

※ 참고 : 인성교육진흥법의 덕목 : 예절, 효도, 정직, 책임, 존중, 배려, 소통, 협동 8가지

✏️ 내가 가지면 가장 좋을 인성 덕목을 아래에서 골라 적어봅시다.

나 ______________ 에게 ______________ 를 선물합니다.

왜냐하면 ____

____

나 ______________ 에게 ______________ 를 선물합니다.

왜냐하면 ____

____

나 ______________ 에게 ______________ 를 선물합니다.

왜냐하면 ____

____

믿음, 성실, 용기, 도전, 정직, 자기존중, 인내,
자기 조절, 책임, 나눔, 공감, 용서, 감사,
협동, 경청, 예의, 배려, 효, 소통, 약속

✏️ 아래 시를 읽고 내가 생각하는 '함께 있으면 좋은 사람'을 시로 지어 봅시다.

그대를 만나던 날
느낌이 참 좋았습니다
착한 눈빛, 해맑은 웃음
한 마디, 한 마디의 말에도
따뜻한 배려가 담겨 있어
잠시 동안 함께 있었는데
오래 사귄 친구처럼
마음이 편안했습니다.

그대는 함께 있으면 있을수록

더 좋은 사람입니다

- 용혜원 (함께 있으면 좋은 사람) & ____________________ (나의 이름)

제2장

나로부터 시작하는 이야기, 인성 Ⅰ

· · · · · 학습 목표 · · · · ·

1. 인성과 성격에 대해 알고, 에고그램 성격검사를 실시한다.
2. 에고그램의 5가지 자아 상태를 이해할 수 있다.
3. 에고그램 검사를 통해 나의 성격 유형을 알 수 있다.

1. 인성 살피기 - 에고그램

1) 인성(人性, personality, character) ≒ 성격

사람의 성품, 성격. 각 개인이 가지는 사고와 태도 및 행동 특성.

2) 인성과 에고그램 검사

- 교류분석이론을 바탕으로 만들어진 성격유형검사 - 에고그램
- 평소 자신의 성격적 특성과 행동을 객관적으로 살피기.
- 각 유형별로 다른 사람과의 소통이 일상생활에서 어떻게 이루어지는지 관찰하기.
- 유형의 긍정적인 점, 개선할 점을 통해 바람직한 인성 실현.

2. 에고그램으로 나의 성격 파악하기

1) **5가지 자아**: 우리의 성격은 5가지 자아를 모두 가지고 있고, 이 5가지 자아의 구성 비에 따라 성격이 다르다고 봄.

어버이 자아 Parent	양육적 부모 자아(Nurturing Parent)
	비판적 부모 자아(Critical Parent)
어른 자아 Adult	이성적 행동의 어른 자아(Adult)
어린이 자아 Child	자유로운 어린이 자아(Free Child)
	순응하는 어린이 자아(Adapted Child)

✏️ 검사를 통해 자신의 성격 유형 알아보기

자신의 높은 점수, 낮은 점수, 그래프의 모양 등을 살펴보고 매뉴얼을 통해 자세히 알아봅시다.

• • • • • • • • • Ego-gram 검사지 • • • • • • • • •

※ 다음 질문에 대한 대답을 보기에서 골라 공란(□)에 점수를 써넣으세요.
　단, 현재 하고 있는 그대로를 체크하세요.

《보기》

언제나 그렇다(매우 긍정) 5	자주 그렇다(약간 긍정) 4	그저 그렇다(보통) 3
가끔 그렇다(약간 부정) 2	거의 그렇지 않다(매우 부정) 1	

1. 다른 사람이 길을 물으면 친절히 가르쳐 줍니까?		□			
2. 당신은 무엇이든 단정하지 않으면 마음이 내키지 않는 편입니까?	□				
3. 당신은 남의 표정을 보고 행동하는 버릇이 있습니까?					□
4. 당신은 화려한 것을 좋아합니까?				□	
5. 당신은 여러 가지 책을 잘 보는 편입니까?			□		
6. 다른 사람이 잘못된 짓을 했을 때 좀처럼 용서하지 못합니까?	□				
7. 친구나 자신보다 나이가 적은 아이들을 칭찬하는 일이 흔히 있습니까?		□			
8. 모두 어울려 떠들어 대거나 노는 것을 좋아합니까?				□	
9. 무엇이든 잘되지 않아도 그다지 화를 내지 않습니까?			□		
10. '아!', '좋다!', '멋지다!' 등의 감탄사를 잘 쓰는 편입니까?				□	
11. 싫은 것을 싫다고 말하지 못하고 참는 일이 많습니까?					□
12. 남을 돌보는 일을 좋아합니까?	□				
13. 무엇이든 착수하면 끝까지 하지 않고는 못 배기는 편입니까?		□			
14. 먹을 것, 입을 것이 없는 사람을 보면 도와줍니까?		□			

질문	CP	NP	A	FC	AC
15. 미신이나 점치는 것 등은 믿지 않는 편입니까?					
16. 당신은 말하고 싶은 것을 사양하지 않고 말할 수 있습니까?					
17. 속으로는 불만이지만 겉으로는 만족한 것처럼 행동합니까?					
18. 부모의 비위를 맞추는 편입니까?					
19. 공부나 일을 명확히 잘 처리해 나가는 편입니까?					
20. 어머니나 아버지와 냉정하게 대화를 잘 합니까?					
21. 당신은 사양을 잘하고 소극적인 편입니까?					
22. 몸이 이상할 때 조심하거나 무리하지 않도록 합니까?					
23. 남의 나쁜 점보다는 좋은 점을 보도록 합니까?					
24. 자신을 책임감이 강한 사람이라고 생각합니까?					
25. 남동생, 여동생, 또는 자신보다 나이가 적은 사람을 예뻐하는 편입니까?					
26. 낙담한 사람이 있다면 위로하거나 격려합니까?					
27. 당신은 싫은 것은 싫다고 말합니까?					
28. 자기 생각을 양보하지 않고 끝까지 주장합니까?					
29. 슬픔이나 우울한 기분이 드는 일이 흔히 있습니까?					
30. 친구들에게 무엇이든 사주기를 좋아합니까?					
31. 당신은 예의, 태도에 대해서 엄격한 훈련을 받았습니까?					
32. 그림을 그리거나 노래를 부르거나 하는 것을 좋아합니까?					
33. 무엇이든 모르는 것이 있으면 남에게 묻거나 상의합니까?					
34. 당신의 부모가 했던 것처럼 화내거나 지적하거나 합니까?					
35. 참된 당신의 생각보다는 부모나 남의 말에 영향받기 쉬운 편입니까?					
36. 남에게 농담하거나 짓궂게 구는 것을 좋아합니까?					
37. 무엇이든 할 때 이해득실(利害得失)을 잘 생각합니까?					
38. 이성 친구에게 자유롭게 말할 수 있습니까?					
39. 항상 무리해서라도 남에게 잘 보이려고 노력합니까?					
40. 도움을 요청받으면 "내게 맡겨라." 하고 그 일을 감당합니까?					
41. 처음 당하는 일이라면 잘 조사해 본 후에 합니까?					
42. 무엇이든 부탁받으면 곧 하지 않고 질질 끄는 버릇이 있습니까?					
43. '잘못됐다', '…해야만 한다.'라는 표현을 합니까?					
44. 욕심나는 것은 갖지 않으면 마음이 언짢은 편입니까?					
45. 누가 실패하면 책망하지 않고 용서합니까?					
46. 무엇이든 결정할 때 여러 사람의 의견을 듣고 정합니까?					
47. 당신은 열등감이 강한 편입니까?					
48. 기쁘거나 슬플 때, 표정이나 몸짓으로 자유롭게 나타냅니까?					
49. 당신은 시간이나 금전에 대해서 불확실한 것이 싫습니까?					
50. 당신이 부모가 되었을 때, 아이를 엄격히 기르겠다고 생각합니까?					
합 계					
	CP	NP	A	FC	AC

Ego-gram 결과

※ 각 유형별 점수를 가운데 점선에 점으로 찍은 후 선으로 연결합니다.

점수

	남	여	남	여	남	여	남	여	남	여	
높은	A 30~50	27~50	A 39~50	40~50	A 36~50	35~50	A 31~50	34~50	A 32~50	33~50	높은
	B 19~29	17~26	B 29~38	30~39	B 28~35	25~34	B 22~30	23~33	B 19~31	22~32	
낮은	C 1~18	1~16	C 1~28	1~29	C 1~27	1~24	C 1~21	1~22	C 1~18	1~21	낮은
	비판적 부모 CP		양육적 부모 NP		어른 A		자유로운 아이 FC		순응적 아이 AC		

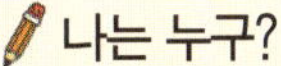 나는 누구?

1) 아래 그림에 해당하는 유형을 빈칸에 적어보세요.

2) 나에게 높은 점수의 두 개의 유형에는 ○ 를, 가장 낮은 점수 유형에는 △를 표시하세요.

나의 유형

높은 점수 유형	낮은 점수 유형

아래 유형을 대표하는 그림을 보고, 특징을 연결해 봅시다.

이상적, 양심적, 정의감, 권위,
도덕적, 비난, 강요

동정적, 위로, 공감, 보호, 관용,
과보호, 참견, 묵인

이성적, 사실적, 현실적, 냉철,
냉정, 자기중심, 정보수집적

자유로운, 명랑한, 직관력, 창조적,
충동적, 무책임

참음, 타협, 신중, 착함, 우유부단함,
소극적, 자기속박, 주체성 결여

나로부터 시작하는 이야기, 인성 Ⅱ

• • • • 학습 목표 • • • •

1. 에고그램 결과를 통해 유형별 성격의 긍정적인 면과 개선해야 할 점을 안다.
2. 올바른 인성을 갖춘 사람이 되기 위해 긍정적 자기 성장 계획을 세운다.

사람들에게 '+' 가 그려진 카드를 보여주면

수학자는 '덧셈'이라 하고,

산부인과 의사는 '배꼽'이라고 합니다.

목사는 '십자가'라고 하고,

교통경찰은 '사거리'라고 하고,

간호사는 '적십자'라고 하고,

약사는 '녹십자'라고 대답합니다.

모두가 다 자기 입장에서 바라보기 때문입니다.

한마디로

다른 사람이 '틀린(wrong)'것이 아니고 '다를(different)' 뿐입니다.

그래서 사람은 '비판의 대상'이 아니라, '이해의 대상'입니다.

'틀림'이 아니고 '다름'의 관점에서 서로를 이해할 수 있는 나날이면 좋겠습니다.

– 출처 미상

1. 5가지 자아와 나

✎ 유형의 대표 그림을 보고 빈칸을 채워보세요.

※ 낮은 점수의 자아는 경험이 적어 쓰기 힘들 수 있습니다.

자아(마음)	좋은 점	개선할 점
비판적 부모(어버이)		

나는 언제, 누구에게 이런 모습을 보이나요? (친구라면 구체적으로 이름을 적어봅시다.)

그때 상대방은 어떻게 하나요? --

상대방의 기분은 어떨까요? --

자아(마음)	좋은 점	개선할 점
양육적 부모(어버이)		

나는 언제, 누구에게 이런 모습을 보이나요? (친구라면 구체적으로 이름을 적어봅시다.)

그때 상대방은 어떻게 하나요?

상대방의 기분은 어떨까요?

자아(마음)	좋은 점	개선할 점
어른		

나는 언제, 누구에게 이런 모습을 보이나요? (친구라면 구체적으로 이름을 적어봅시다.)

그때 상대방은 어떻게 하나요?

상대방의 기분은 어떨까요?

자아(마음)	좋은 점	개선할 점
자유로운 어린이		

나는 언제, 누구에게 이런 모습을 보이나요? (친구라면 구체적으로 이름을 적어봅시다.)

그때 상대방은 어떻게 하나요?

상대방의 기분은 어떨까요?

자아(마음)	좋은 점	개선할 점
순응적 어린이		

나는 언제, 누구에게 이런 모습을 보이나요? (친구라면 구체적으로 이름을 적어봅시다.)

그때 상대방은 어떻게 하나요?

상대방의 기분은 어떨까요?

에고그램 검사를 통해 나의 5가지 자아를 살펴보았습니다.

내 안에는 5가지 자아가 모두 존재하지만, 어느 자아는 너무 낮거나 너무 높아 성격적 결함으로 보일 수 있는 행동이 있습니다.

이것을 알게 되면 나의 평소 모습과 긍정적인 면, 개선할 점이 보입니다.

우리의 자아 유형별 평소 언어와 행동을 수정하여 타인과의 관계에서 서로 행복한 길을 찾을 수 있길 바랍니다

2. 같은 상황 다르게 말하는 우리~~

✎ 아래 그림에 해당하는 유형이 상황에 따라 하는 말과 행동을 생각하여 적어보세요.

자아(마음)	친구가 지각하면	슬픈 일이 생기면	특징
비판적 부모(어버이)			도덕적 비판 비난 속담 교훈 설득 강요
양육적 부모(어버이)			공감 동정 위로 보호 묵인

 어른			냉정 정보수집 사실적 분석
 자유로운 어린이			자유로운 충동적 명랑한 감정표현
 순응적 어린이			참음 착한 자기속박 감정억제

3. 성장하는 나~!

우리는 노력하면 더 멋진 모습으로 바뀔 수 있습니다.

내게 넘치는 부분은 비우고, 모자란 부분을 채우면 더 행복한 대화가 가능한 사람이 된답니다.

✏️ 올바른 방향으로 성장하기 위한 **목표**를 정하여 **구체적으로** 실행 방법 두 개 이상 적습니다.

※ 작성 시 첨부된 유형별 특징 분석표, 행동 수정 조언표를 참고하세요.

점수	유형	이런 방법으로 나는 성장할래요~ (구체적 목표와 계획)
매우 높음		
매우 낮음		

나는 항상 내가 할 수 없는 일을 한다.

혹시 내가 그 일을 어떻게 하는지 배우게 될지도 모르니까.

– 파블로 피카소

4. 유형별 특징 분석표

구분	성격	언어	소리 · 말투	자세 · 동작 · 표정 · 몸짓
CP	양심적 권위적 이상적 징벌적 도덕적 강제적	당연하지 격언, 속담 인용 이론을 내세운다 말한 대로 해라 못쓰겠군 멍청하군 ~ 하지 않으면 안 된다 나중에 후회할걸	단정적 조소적 의심을 품는다 강압적인 말투 도와주는 척 교훈적 설교적 비난을 풍긴다	전능자적(자신감 있는) 지시적인 리더다운 도전적 주먹으로 책상을 친다 업신여긴다 특별 취급을 요구한다
NP	공감적 보호적 위안 배려 동정 응석받기	알겠어요 쓸쓸(섭섭)하다는 거지요 잘 되었어요 염려 말아요. 할 수 있어요 불쌍하게도 참 잘됐군요 힘을 내세요 좋은 아이야 걱정하지 마세요	온화하다 안심감을 준다 비징벌적 기분을 알아주는 동정적 애정이 듬뿍 따뜻한 부드러운	손을 내민다 과보호적 태도 미소를 띠다 어깨에 손을 얹다 배려가 가득하다 돌보는 데 열중한다 천천히 귀를 기울인다
A	정보수집지향 사실 평가적 분석적 객관적 합리적 계산적 냉정한	잠깐! 기다려 누가? 언제? 왜? 얼마… 어디에서? ~라고 생각한다. 구체적으로 말한다 생각해 봅시다 나의 의견으로는…	차분한 낮은 소리 단조로움 일정한 음조 냉정 상대편에게 맞춤 명료 상대가 말한 내용을 이해	주의 깊게 듣는다. 냉정, 관찰적 기계적 태도 안정된 자세 때로는 타산적 생각을 종합한다 계산되어 있다 대등한 태도
FC	본능적 적극적 창조적 직관적 감정적 호기심 자발적 행동적	감탄사 깨끗하다! (더럽다! 아프다) 좋아요. 싫어요 갖고 싶다 부탁한다 해줘요 못해요 도와주어요 기뻐요 등	개방적 느긋한 모양 큰 소리로 자유 자연 감정적 흥분적 밝은 싫증 나지 않는 티없는	자유로운 감정표현 자발적 잘 웃는다 유머가 풍부하다 낙관적 공상적 이완한다 응석 부린다
AC	순응적 감정억제 반항적 소극적 의존적 착한 아이	곤란한데요… ~해도 좋을까요 잘 모르겠습니다 안 됩니다 저 같은 사람이… 조금도 알아주지 않는다 슬프다, 우울하다 쓸쓸하다, 분하다 이젠 좋아요.	소곤소곤 대다 자신이 없다 끈덕지다 조심스럽다 여운이 있는 반응 물어뜯는다 한스럽다 때로는 격분 애처롭다	마음을 쓴다 탄식 동정을 구한다 반항적 겁에 질린다 비위를 맞추는, 알랑거리다 침울하다 도전적

5. 행동 수정 조언표

		CP	NP	A	FC	AC
높은 점수	긍정적인 면	• 이상을 추구한다. • 양심에 따른다. • 규칙을 지킨다. • 피(의기)가 통한다. • 의무감, 책임감이 강한 노력가	• 상대에게 공감, 동정한다. • 돌보기를 좋아한다. • 상대를 받아들인다. • 봉사정신이 풍부하다.	• 이성적이다. • 합리성을 존중한다. • 침착하고 냉정하다. • 사실에 따른다. • 객관적으로 판단한다.	• 천진난만하다. • 호기심이 강하다. • 직관력이 있다. • 활발하다. • 창조성이 풍부하다	• 협조성이 풍부하다. • 타협성이 강하다. • 착한 아이이다. • 순종한다. • 신중하다.
	개선할 점	• 건성으로 대답한다. • 중도를 허용하지 않는다. • 비판적이다. • 자신의 가치관에 절대적이다.	• 지나치게 보호, 간섭한다. • 상대의 자주성을 해친다. • 상대의 응석을 받는다.	• 기계적이다. • 이익에 밝다 • 타산적이다. • 냉정하다. • 냉철하다.	• 자기중심적이다 • 동물적이다. • 감정적이다. • 일하고 싶은 대로 해 버린다.	• 조심스럽다. • 의존심이 강하다. • 참아버리고 만다. • 주저주저한다. • 앙심(원한)을 품는다.
	조언	완벽주의를 버리고 상대의 좋은 점이나 생각을 인정하는 여유를 가진다. 일이나 생활을 즐도록 한다.	자신과 상대의 관계를 가능한 냉정하게 파악하고 참견이나 간섭이 되지 않도록 한다.	매사에 타산적으로 생각하지 말고, 자신의 감정이나 상대의 기분 등에도 눈을 돌린다.	기분이나 감정으로 행동하지 말고, 선후를 생각하도록 한다. 심호흡하고 행동한다.	느낀 것을 망설이지 않고 표현한다. 스스로 자신이 있는 것부터 실행해 본다.
		CP	NP	A	FC	AC
낮은 점수	긍정적인 면	• 천성이 대범하고 유연하다. • 융통성이 있다 • 유연함이 있다 • 평온하다.	• 천성이 대범하고 유연하다. • 융통성이 있다 • 유연함이 있다 • 평온하다.	• 인간미가 있다. • 좋은 사람 • 순박하다.	• 얌전하다. • 감정적으로 되지 않는다.	• 자주성이 풍부하다. • 적극적이다.
	개선할 점	• 미적지근하다 (미온적이다) • 구분이 불분명하다. • 판단력이 모자란다, • 규율을 지키지 않는다.	• 상대에게 공감, 동정하지 않는다. • 다른 사람의 일에 마음쓰지 않는다. • 따뜻함이 없다	• 현실 무시 • 계획성이 없다 • 생각이 정돈되어 있지 않다. • 논리성이 모자란다. • 판단력이 모자란다.	• 재미가 없다. • 어두운 인상을 준다. • 무표정 • 회로애락을 나타내지 않는다.	• 상대가 말하는 것을 듣지 않는다. • 일방적이다. • 접근하기 어렵다는 인상을 준다.
	조언	자기 자신에게 의무를 부여하고 책임을 갖고 행동하도록 한다. 사물의 구분을 중요시한다. 판단력을 기른다.	가능한 한 상대에게 동정심을 갖도록 노력한다. 가족이나 친구에게 서비스한다. 동물 등을 돌보아주기를 한다.	정보를 수집, 다양한 각도에서 사물을 생각. 잘되지 않아도 스스로 답을 풀고 나서 다른 사람에게 상담하도록 한다.	마음의 문을 닫아버리지 않도록 될 수 있는 한 명랑하게 행동하며 기분을 돋군다. 스포츠, 여행, 외식하러 가는 것도 좋다.	상대의 입장이 되어 생각 하거나 상대의 의견을 듣는다. 상대의 입장을 세워주고 존중한다. 타인우선의 태도를 몸에 붙인다.

제4장

내 마음을 보여줘, 감정의 이름표

학습 목표

1. 감정 단어의 종류를 알고 다양한 감정을 구체적으로 표현할 수 있다.
2. 나와 타인의 감정을 읽을 수 있다.
3. 감정 일기 쓰기를 통해서 자신의 감정을 조절할 수 있다.

1. 감정의 실체

1) 어떤 현상이나 일에 대하여 일어나는 마음이나 느끼는 기분.

2) 내 감정의 이름을 붙이고 그 감정을 인정해 주면 마음이 안정된다.

3) 감정은 좋고 나쁨이 없다.

✏️ 평소에 사용하는 감정 단어는 어떤 것이 있는지 적어보세요. (행복해, 화나 등)

2. 감정 단어의 종류

1) 감정은 크게 욕구의 충족 여부에 따라 구분된다.

2) 감정을 좀 더 구체적으로 표현하는 연습을 하기 위해서 아래의 감정 단어를 평소에
   자주 사용하도록 익히는 것이 중요하다.

욕구가 충족 되었을 때	감동받은, 뭉클한, 감격스러운, 벅찬, 환희에 찬, 황홀한, 충만한, 고마운, 감사한, 즐거운, 유쾌한, 통쾌한, 흔쾌한, 기쁜, 반가운, 행복한, 따뜻한, 감미로운, 포근한, 푸근한, 사랑하는, 훈훈한, 정겨운, 정을 느끼는, 친근한, 뿌듯한, 산뜻한, 만족스러운, 상쾌한, 흡족한, 개운한, 후련한, 든든한, 흐뭇한, 홀가분한, 편안한, 느긋한, 담담한, 친밀한, 친근한, 긴장이 풀리는, 차분한, 안심되는, 가벼운, 평화로운, 누그러지는, 고요한, 여유로운, 진정되는, 잠잠해진, 평온한, 흥미로운, 매혹된, 재미있는, 끌리는, 활기찬, 짜릿한, 신 나는, 용기 나는, 기력이 넘치는, 기운이 나는, 당당한, 살아있는, 생기가 도는, 원기가 왕성한, 자신감 있는, 흥분된, 두근거리는, 기대에 부푼, 들뜬, 희망에 찬, 긍지를 느끼는 등
욕구가 충족되지 않았을 때	걱정되는, 까마득한, 암담한, 염려되는, 근심하는, 신경 쓰이는, 뒤숭숭한, 무서운, 섬뜩한, 오싹한, 간담이 서늘해지는, 겁나는, 두려운, 진땀 나는, 주눅 든, 불안한, 조바심나는, 긴장한, 떨리는, 안절부절 못하는, 조마조마한, 초조한, 불편한, 거북한, 겸연쩍은, 곤혹스러운, 멋쩍은, 쑥스러운, 언짢은, 괴로운, 난처한, 답답한, 갑갑한, 서먹한, 어색한, 찝찝한, 슬픈, 구슬픈, 그리운, 목이 메는, 서글픈, 서러운, 쓰라린, 애끓는, 울적한, 참담한, 처참한, 한스러운, 비참한, 안타까운, 처연한, 서운한, 김빠진, 애석한, 야속한, 낙담한, 냉담한, 섭섭한, 외로운, 고독한, 공허한, 허전한, 허탈한, 막막한, 쓸쓸한, 허한, 우울한, 무력한, 무기력한, 침울한, 꿀꿀한, 피곤한, 고단한, 노곤한, 따분한, 맥빠진, 귀찮은, 지겨운, 절망스러운, 좌절한, 힘든, 무료한, 성가신, 지친, 심심한, 혐오스러운, 밥맛 떨어지는, 질린, 정떨어지는, 멍한, 혼란스러운, 창피한, 놀란, 민망한, 당혹스러운, 부끄러운, 화나는, 끓어오르는, 속상한, 약 오르는, 분한, 울화가 치미는, 분개한, 억울한, 열 받는 등

3. 진짜 감정 들여다보기

🖍 예시를 참고하여 상황에 따른 내면의 진짜 감정(1차 감정)과 2차 감정(행동, 겉으로 드러난 감정)을 구분해 보세요.

상황	2차 감정 (행동, 겉으로 드러난 감정)	1차 감정 (진짜 감정)
엄마의 일을 도와주려 설거지를 하다 접시를 깼을 때 엄마의 감정	덤벙대서 접시를 깼다며 화를 내며 소리를 지른다.	접시 깨지는 소리에 놀라서 당황했다. 내가 다쳤을까 봐 걱정되었다. 엄마가 아끼는 접시를 깨뜨려서 속상하다.

상황	2차 감정 (행동, 겉으로 드러난 감정)	1차 감정 (진짜 감정)
연락 없이 늦게 귀가했을 때 화를 내시는 엄마		
친한 친구가 다른 아이에게 내 흉을 보았다는 것을 알게 되었을 때 나		

4. 감정 일기 쓰기

1) 하루를 돌아보며 자신의 감정 일기를 쓴다.

2) 내 감정의 이름을 붙이고 그 감정을 인정해 주면 마음이 안정되는 효과가 있다.

3) 꾸준한 감정 일기 작성은 감정 조절능력을 향상시켜 준다.

날짜	오늘 나의 감정	그 감정이 생긴 이유는 무엇일까?

제5장

목소리를 낮춰요, 감정조절

● ● ● ● ● **학습 목표** ● ● ● ● ●

1. 분노와 스트레스 상황일 때 뇌와 신체에서 일어나는 반응을 알 수 있다.
2. 감정을 조절하는 구체적인 방법을 익히고, 적용할 수 있다.
3. 크게 소리치지 않고, 자신의 감정과 원하는 바를 표현할 수 있다.

우물과 마음의 깊이

보이지 않는 우물이 깊은지 얕은지는 돌멩이 하나를 던져보면 압니다.

돌이 물에 닿는 데 걸리는 시간과 그때 들리는 소리를 통해서 우물의 깊이와 양을 알 수 있는 것입니다.

내 마음의 깊이는 다른 사람이 던지는 말을 통해 알 수 있습니다.

내 마음이 깊으면 그 말이 들어오는 데 시간이 오래 걸립니다.

그리고 깊은 울림과 여운이 있습니다.

누군가의 말 한마디에 흥분하고 흔들린다면 아직도 내 마음이 얕기 때문입니다.

마음이 깊고 풍성하면 좋습니다.

이런 마음의 우물가에는 사람들이 모이고 갈증이 해소되며 새 기운을 얻습니다.

– 〈좋은 생각〉 중에서

1. 분노와 스트레스 상황일 때 뇌와 신체에서 일어나는 반응

1) 뇌의 3중 구조

- 우리 뇌의 구조: 뇌간, 대뇌변연계, 대뇌신피질의 3중 구조

  ① 파충류의 뇌: 가장 안쪽, 투쟁과 도피, 즉각적 행동과 반응, 생명 중추를 담당.

  ② 포유류의 뇌: 중간층, 사랑, 기쁨, 슬픔, 분노, 즐거움 등 감정을 주관.

  ③ 인간의 뇌: 가장 바깥쪽, 상황을 논리적이고 합리적으로 판단.

- 대뇌 신피질은 뇌간과 변연계에서 수집한 정보를 조사 · 분석해 현명하고 도덕적인 결정을 내림.

- 각 영역은 서로 협동해서 일하기도 하지만, 각각 독립적인 기능을 담당하기도 함.

- 독립적으로 기능하는 경우: 분노와 스트레스 상황.

  ⋯⋯ 감정뇌가 주도권을 갖고, 대뇌신피질에서 보내는 이성적 신호를 무시하고 차단함.

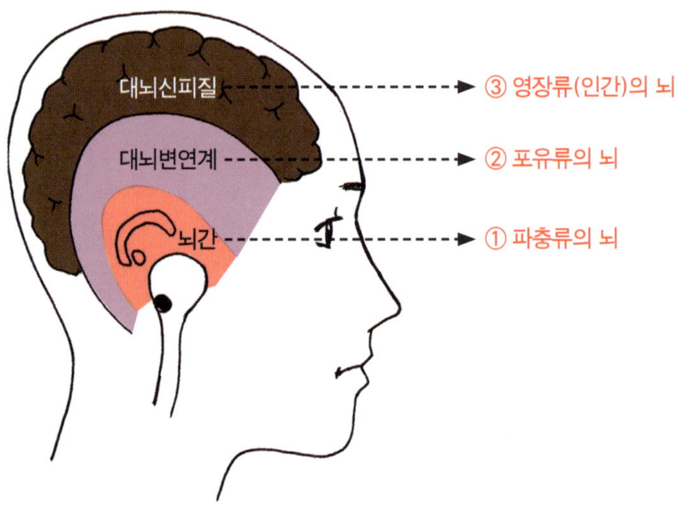

2) 신체의 반응

🖊 누군가가 내게 크게 소리를 지르거나, 내가 크게 소리를 지르게 되었을때
나의 신체에서는 어떤 반응이 일어날까요?

- 눈 :

- 심장박동 :

- 혈압 :

- 피부 :

- 소화 :

- 감정은 조절할 수 있는 것일까?

  ⤳ 뇌를 조절하는 방법을 익히고 실행하면 감정을 조절할 수 있다!

  ⤳ 마음을 진정하고 목소리를 낮추는 것부터 시작하라!

2. 감정조절 방법

🖊 최근에 내가 큰 소리를 질렀거나 다른 사람이 나에게 크게 소리를 지른 일이 있나요?
(구체적으로)

- 누가

- 언제

- 어떤 상황이었나요?

- 그때 기분은 어땠나요?

1) 깊은 호흡법

　① 자신이 느끼는 강렬한 감정을 인식한다.

　② 눈을 감고, 코로 천천히 깊게 숨을 들이마신다.

　③ 숨을 입으로 내쉰다.

　④ 감정이 사라질 때까지 필요한 만큼 계속 호흡을 반복한다.

2) STC 훈련

　① Stop: 잠깐 멈추어 심호흡한다.

　② Think: 3초간 생각한다.

　③ Choose: 어떤 행동을 할지 선택한다.

3) 감정의 채널 바꾸기

　① 눈을 감는다.

　② 즐거웠던 순간을 떠올리고 재생한다.

3. 큰소리치지 않고, 나의 감정과 원하는 것 표현하기

1) 멈추고, 깊은 호흡법으로 숨을 쉰다.

2) 나를 화나게 하는 원인이 무엇인지 돌아본다.

3) 내가 원하는 것이 무엇인지 생각해 본다.

　예) 그런 식으로 말하다니 나를 무시했어. ⋯▶ 나는 존중받고 싶어.

4) 자신의 느낌과 함께 내가 원하는 것을 표현한다. (사실 + 내 느낌과 감정 + 원하는 것)

　예) 네가 늦게 와서 정말 짜증 나!

　　⋯▶ 나는 우리가 앞자리에 앉을 수 있기를 바랐기 때문에 네가 늦게 와서 속상해.

　　　다음부턴 약속시간을 꼭 지켜주면 좋겠어.

🖉 큰 소리를 내지 않고도 자신의 감정과 원하는 것을 표현할 수 있습니다.
다음 예시를 보고 상황을 정하여 나의 감정과 원하는 것을 표현해 보세요.

〈예시〉
- 상황: 엄마는 동생하고 내가 싸울 때마다 꼭 나한테 소리를 지르고 나를 먼저 혼내서 너무 짜증이 나고 억울하고 속상하다.
- 나의 느낌과 감정: 나는 엄마가 동생하고 내가 싸울 때마다 나를 먼저 혼내고 소리를 질러서 마음이 서운하고 억울해. 엄마가 나를 싫어하는 것처럼 느껴져.
- 원하는 것 표현: 엄마, 혼내기 전에 내가 왜 그랬는지 이유를 물어봤으면 좋겠어요.

- 상황:

- 나의 느낌과 감정:

- 원하는 것 표현:

제6장

나를 사랑하는 나, 자아존중감

1. 내가 생각하는 나

1) **자아(自我)** : 내가 생각하는 나

2) **자아존중감** : 자신의 가치에 대한 평가

⋯▶ 자기가치 + 자신감

⋯▶ 자신이 사랑받을 만한 가치가 있는 소중한 존재이고 어떤 성과를 이루어 낼 만한 유능한 사람이라고 믿는 마음. (자신에 대한 긍정적 개념)

3) 자아존중감은 삶의 모든 영역(학습, 리더십, 위기극복능력, 대인관계, 배려심, 도전능력 등)에 영향을 줌.

🖋 형용사와 명사를 사용하여 자신을 물건이나 꽃, 나무, 동물, 색깔 등으로 표현해 보고 그렇게 생각한 이유를 써 보세요.

〈예〉 나는 어떤 꽃과도 잘 어울리는 안개꽃이다.
      왜냐하면, 어느 누구에게도 편하게 다가갈 수 있기 때문이다.

〈형용사의 예〉 예쁜, 어울리는, 따뜻한, 멋진, 화려한, 씩씩한, 든든한, 성실한,
      편안한, 독특한, 눈에 띄는, 사랑스러운, 빛나는, 조용한, 인기 많

나는 ＿＿＿＿＿＿＿＿＿＿＿＿＿＿＿＿＿＿이다.

왜냐하면, ＿＿＿＿＿＿＿＿＿＿＿＿＿＿＿＿＿＿＿＿＿때문이다.

2. 나를 사랑하는 나

1) 지구가 탄생해서 멸망할 때까지 나는 단 한 번만 존재한다.

　• 나와 똑같은 생물체가 존재할 확률 = $1/10^{422}$

　⋯▶ 나는 세상에 단 하나밖에 없는 소중한 존재 ⋯▶ 나를 사랑하자!

2) 자신을 사랑하는 사람이 다른 사람도 사랑할 수 있다.

3) 자신을 사랑하는 것은 자신의 장점을 인정하는 것에서부터 시작된다.

🖋 나를 위한 시상식

〈예〉 잘 웃는 스마일상, 어디서든지 남을 먼저 생각하는 배려상
      축구를 잘하는 슛돌이상, 옷을 멋지게 입는 패셔니스타상 등등

🖉 내 모습이나 성격, 행동 등을 칭찬하며 나에게 주는 트로피를 만들어 보세요.

나에게 주는 트로피

★

★

★

★

★

3. 난 할 수 있어!

1) 생각 바꾸기

- 힘센 코끼리지만, 어릴 때부터 발에 채워진 쇠고랑 때문에 자신이 원하는 대로 움직이지 못하는 실패 경험이 쌓이면 '난 못한다'고 자신의 한계를 정하고 만다. 어른 코끼리가 되어 쇠고랑을 끊어낼 힘이 생겨도 어릴 적 못한다고 정해버린 한계로 인해 더 이상 도전하지 않는다.

  ⤳ 노력해보지 않고 못한다고 포기해 버린다.

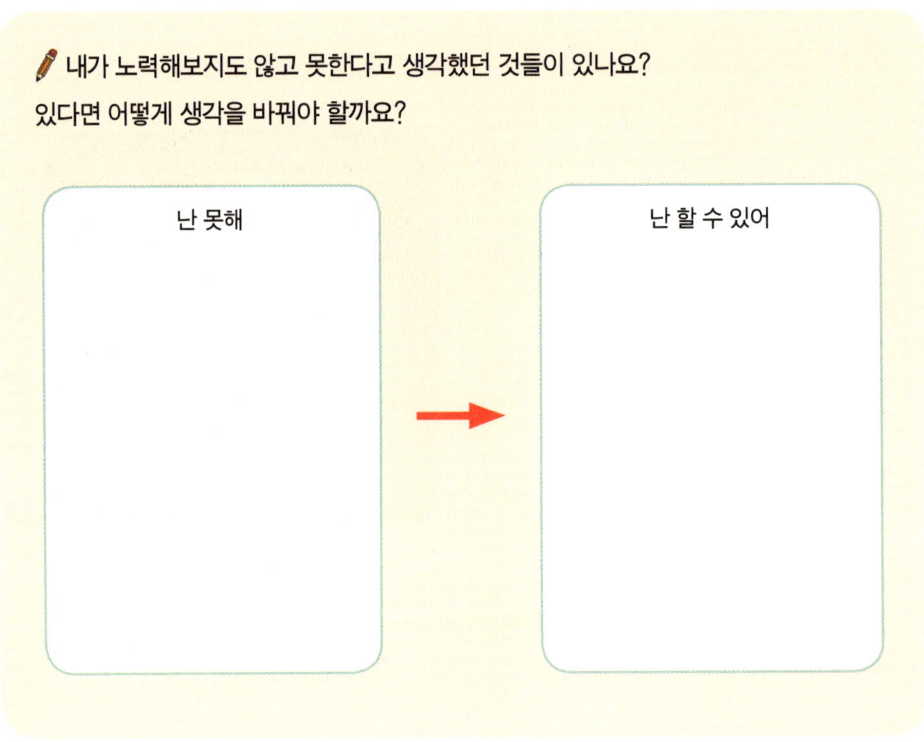

2) 성공 경험하기

- 성공(成功): 뜻한 것을 공을 들여(노력하여) 이룸.

  ···▶ 지금까지 성공한 것이 많음

  예) 걷기, 자전거 타기, 한글 읽기, 구구단 외우기 등

- 자신이 이룰 수 있는 목표를 세우고 반복훈련을 통해 달성할 때 느끼는 성공 경험
  (성취감)을 맛보게 되면 더 큰 도전을 하게 된다.

  다음과 같은 선순환 구조에 따라 성공 경험이 쌓이면 자신감이 되고, 자신감이 쌓
  이면 자아존중감이 높아지게 된다.

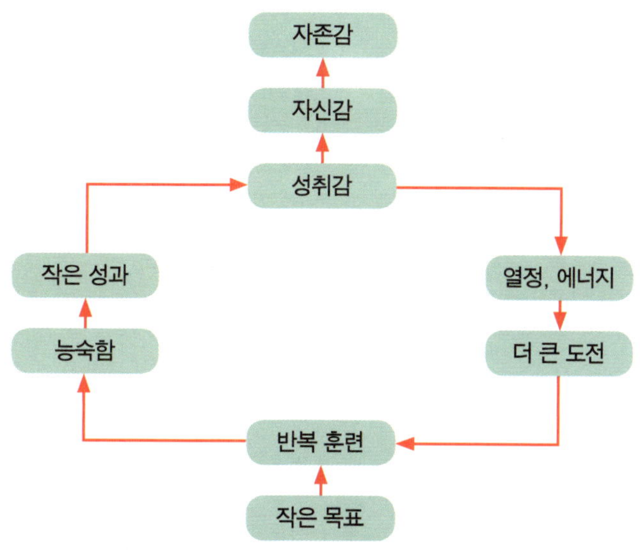

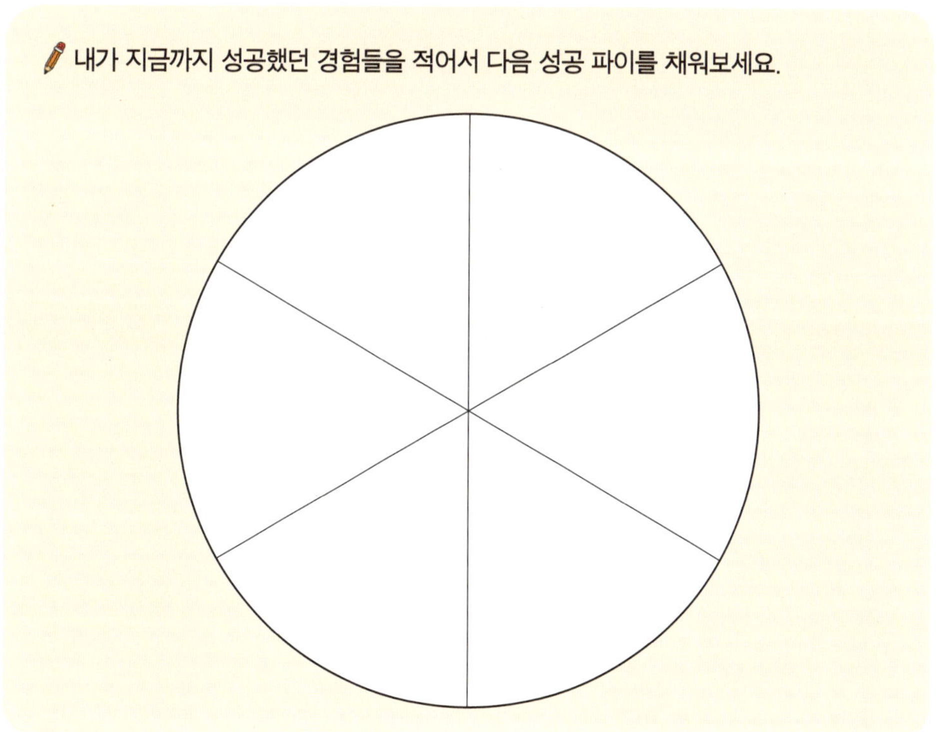

내가 지금까지 성공했던 경험들을 적어서 다음 성공 파이를 채워보세요.

✏️ 앞으로 이루고 싶은 성공 경험을 적어보고 그러한 성공 경험을 하기 위해 필요한 노력이 무엇인지 생각해 보세요.

> (예) ★이루고 싶은 성공 경험: 체중 3kg 줄이기
>
>   ★필요한 노력: 주 3회 이상 줄넘기 500회 하기

★이루고 싶은 성공 경험:

★필요한 노력:

제7장

세우는 말, 넘어뜨리는 말

1. 나의 언어 습관을 살펴볼 수 있다.
2. 욕이 뇌에 미치는 영향을 알고 욕을 줄일 수 있다.
3. 부정적인 언어 습관을 바꾸기 위한 구체적인 노력을 할 수 있다.

가시 없는 선인장

이 이야기는 실화입니다.

루터 버 뱅크라는 사람은 늘 화초와 대화하는 것을 즐겼습니다. 만물은 들을 귀가 있다고 버 뱅크는 생각하였기 때문입니다.

하루는 선인장에게 버 뱅크는 이렇게 말하였습니다.

"너는 정말 가시가 많고 억세구나. 네가 살아온 세월이 얼마나 험했는지 알겠어. 누군가 늘 너를 해치려 한다는 두려움과 험한 세상을 살아오느라 온 몸에 가시를 세우게 된 거야. 너를 지키고 방어하려고 말이야. 그러나 이제는 염려 마. 내가 옆에 있잖니. 내가 너를 사랑해 줄게. 그리고 너를 지켜줄게. 무장된 마음을 이제 풀어놓고 내 사랑을 느껴 줘!"

버 뱅크는 매일 선인장에게 이렇게 사랑을 전하며 가시를 뽑아 주었답니다.

그런데 놀라운 일이 벌어졌습니다. 몇 달이 지나자 선인장의 가시가 하나씩 떨어지기 시작한 것이었습니다. 그리고 결국 선인장 가시가 하나도 남아있지 않게 되었습니다.

이렇게 해서 가시 없는 선인장이 탄생한 것입니다.

루터 버 뱅크는 사랑의 말 이외에 일체의 유전자 조합을 하지 않고 새로운 화학비료도 개발하지 않았다고 합니다.

우리 마음의 가시를 없앨 수 있는 말들은 무엇이 있을까요? 생각해 봅시다.

1. 나의 언어생활 점검하기

나의 언어생활을 점검해 보고 나의 언어수준은 어느 정도인지 생각해 봅시다.

아래 질문을 읽고 해당하는 정도에 점수를 표시하세요.

공간	언어습관	나는 어느 정도?					
		4	3	2	1	0	점수
가정에서	나는 부모님께 '듣기 싫어. 엄마가 뭘 알아?'라는 의미의 말을 한 적이 있다.	매일	자주	보통	거의 없다	없다	
	나는 부모님께 거짓말을 한 적이 있다. 예) 나 게임 안 했어요	매일	자주	보통	거의 없다	없다	
	나는 부모님께 '엄마가 그러면 나 안 해.'라는 의미의 말을 한 적이 있다. 예) 학교 안 갈래. 밥 안 먹을래요.	매일	자주	보통	거의 없다	없다	
	나는 부모님께 '아, 진짜 싫어. 짜증 나.'라며 소리를 지르거나 짜증이 담긴 말을 한 적이 있다.	매일	자주	보통	거의 없다	없다	
	나는 부모님께서 물어보실 때 일부러 대답을 안 한 적이 있다. 예) 대답 안 하고 모른 척하기. 방문 닫고 방안에만 있기.	매일	자주	보통	거의 없다	없다	
	나는 화가 나서 물건을 집어 던진 적이 있다.	매일	자주	보통	거의 없다	없다	
	나는 집에서 욕설을 들은 적이 있다.	매일	자주	보통	거의 없다	없다	

학 교 에 서	나는 상대방에게 욕설을 한다. 예) 씨발, 존나 등	매일	자주	보통	거의 없다	없다	
	나는 상대방에게 협박하는 말을 한다. 예) 죽을래? 맞고 싶냐?	매일	자주	보통	거의 없다	없다	
	나는 상대방에게 외모나 능력을 무시하는 말을 한다. 예) 이 돼지야? 키도 작은 주제에. 머리만 크면 다냐?	매일	자주	보통	거의 없다	없다	
	나는 상대방에게 저주의 말을 한다. 예) 너 그러다 망한다. 성적 떨어져라.	매일	자주	보통	거의 없다	없다	
	나는 상대방에 대해 거짓말을 퍼뜨린 적이 있다.	매일	자주	보통	거의 없다	없다	
	나는 친구에게 다른 친구의 험담을 한 적이 있다	매일	자주	보통	거의 없다	없다	
	나는 다른 친구들이 욕하는 것을 들은 적이 있다	매일	자주	보통	거의 없다	없다	
인 터 넷 · 게 임 · 채 팅 등	나는 게임이나 채팅 중 상대방에게 욕설을 한 적이 있다. 예) 이거나 쳐드셈. 이 병신아!	매일	자주	보통	거의 없다	없다	
	나는 상대방을 비방하기 위해 거짓말로 헛소문을 퍼뜨린다. 예) 다른 곳에서 들은 이야기인데….	매일	자주	보통	거의 없다	없다	
	나는 줄임말, 자음만 쓰기, 모음만 쓰기 등 알 수 없는 말을 사용한다. 예) 즐, 헐, 안물, 병맛 등	매일	자주	보통	거의 없다	없다	
	나는 맞춤법에 어긋나는 표현을 사용한다. 예) 방가워, 하이루~	매일	자주	보통	거의 없다	없다	
	나는 인터넷에서 악플을 한다.	매일	자주	보통	거의 없다	없다	
	나는 온라인 상에서 공격적인 말을 들은 적이 있다.	매일	자주	보통	거의 없다	없다	
	카톡 상에서 친구를 일부러 소외(왕따)시킨 적이 있다.	매일	자주	보통	거의 없다	없다	

매일-4점
자주-3점
보통-2점
거의 없다-1점
없다-0점

공간	총점
가정	
학교	
온라인	

__________학교 ______학년 ______반

2. 욕

Who am I?

나는 전 세계의 유명인사이다. 대한민국에서도 나를 모르는 사람은 아무도 없다. 많은 사람이 나를 좋아하고 나를 찾는다. 그들 중 대부분은 때와 장소를 가리지 않고 나를 찾으며, 하루의 많은 시간을 나와 함께한다. 심지어 내가 없이는 살지 못한다.

나는 마약 못지않은 중독성과 습관성을 가지고 있고 총과 칼 같은 무기처럼 무서운 공격성도 있다. 또한, 약을 계속 먹게 되면 약효가 점점 줄어드는 것처럼, 나를 자주 찾게 되면 내가 가지고 있는 무서운 공격성을 금방 잊어버리는 내성을 가지게 된다. 그래서 그들은 나를 습관처럼 찾게 되고, 내가 어떤 공격성을 가지든 무덤덤해진다. 나는 이렇게 무서운 존재이다. (중략)

언제였던가, 나는 내 팬인 학생들을 인터뷰한 적이 있었다. "나를 어떻게 알았나요?"라는 질문에 그들 중 대부분이 "친구한테서요."라고 대답했다. 그것을 보고 나는 날아갈 듯이 기뻤다. 내가 노력하지 않아도 많은 사람이 나를 홍보해 줄 정도로 톱스타가 되었으니 말이다. (중략)

그러한 최고의 나날을 보내고 있던 나는 TV를 켜고는 크게 놀랐다. '이제는 없어져야 한다'는 제목의 프로그램이 방송되고 있는 것이 아닌가! 나는 화를 참지 못하고 씩씩거리며 TV를 노려보았다. 화면에서는 나의 안티들이 나에게 반대하는 장면이 나왔다. 도무지 이해할 수가 없었다. 그리고 나의 팬과 안티를 비교한 통계가 나왔다. 이럴 수가! 화면에서 보이는 통계는 내가 문제점이 된다는 것을 확실히 보여주고 있었다. 안티들에 비해 내 팬들의 어휘력은 낮았고, 약간의 차이지만 지능 또한 낮았다는 것이다. 팬들이 나를 습관적으로 좋아하면 좋아할수록 뇌에 점점 더 큰 영향을 끼친다니! 그야말로 충격이었다. (중략)

며칠 고민한 결과, 나는 사라지기로 했다. 나의 팬들을 위해서, 안티들을 위해서. 나는 사람들에게 상처를 주고 화난 감정을 더 화나게 만드는 존재일 뿐이다. 나에게 중독된 팬들을 폭력적으로 만들고, 정신적으로 좋지 않은 영향만 줄 뿐이다. 나는 모두를 위해서 은퇴 후 은둔하기로 했다.

많은 나의 팬들이여, 안녕. 당신들을 망쳐버린 나는 ______________이다.

※출처: 2011년 교육과학기술부 주최 청소년 언어문화개선 글짓기 '나는 욕이다' 중에서 (대전중 3학년 엄민혜)

✎ '욕의 편지'를 읽고 아래 빈칸을 채워 보세요.

욕의 특성				
욕의 영향				
나의 욕 사용 빈도수 (해당 칸에 동그라미 표시)	사용 안 함	거의 사용 안 함	가끔 사용	많이 사용

✎ 욕의 어원

욕의 뜻은 어디에서 왔을까요?			
비정상적인 성(性)	잔인한 형벌	여성차별, 가족 모욕	저주, 협박

✎ 초성으로 생각나는 대로 낱말 만들기 (제한 시간 15초 이내 초성별로 5개의 단어!)

• ㄴ :

• ㅅㅂ :

• ㅂㅅ :

• ㅈㄹ :

• ㅈㄴ :

• ㅁㅊ :

3. 욕이 뇌에 미치는 영향

1) 어휘력 저하

욕을 많이 쓰면 쓸수록 대화에는 제대로 된 단어들이 이용되지 않아 점점 어휘력이 낮아짐.

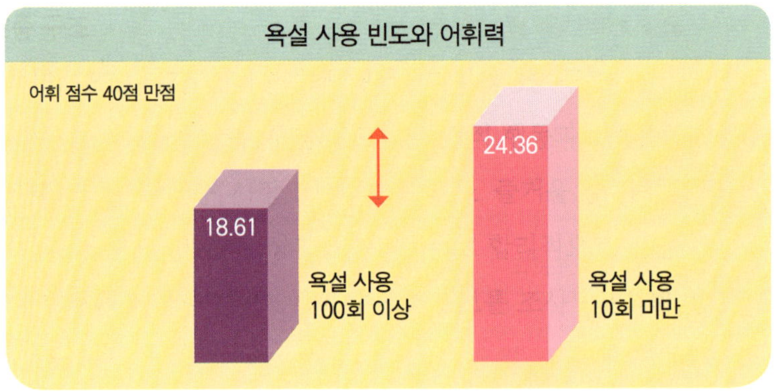

〈실험 디자인: 서울대 심리학과 곽금주 교수 연구팀〉

2) 무계획 충동성 증가

폭력적이고 반복적인 욕설 ⋯▸ 전두엽 위축 ⋯▸ 통제력약화　예) 지킬 vs 하이드

• 충동적인 말과 행동 증가, 무계획적 행동 증가.

• 충동적이고 반사적 감정의 뇌를 건드려 신체도 더 충동적이고 공격적으로 변화.

※ 자신을 소중하고 귀하게 여기는 사람이라면, 이런 단어들로 자신의 가치를 떨어뜨리지 않는다. 자신뿐만 아니라 내 주변의 사랑하는 사람들을 위해서 욕을 자제하자.

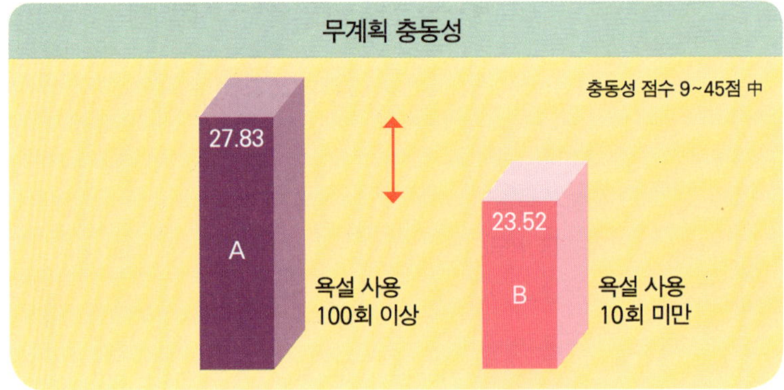

〈실험 디자인: 서울대 심리학과 곽금주 교수 연구팀〉

4. 긍정의 말, 부정의 말

1) 물은 답을 알고 있다.

- 물에게 말을 들려주고 글씨를 보여주었을 때 물이 보여주는 신비로운 결과.

- 우리 몸의 70%는 물. (건강과도 밀접한 영향)

사랑, 감사

짜증 나

고마워

바보야

2) 분노의 침전물

- 분노할 때 우리 몸에는 노르아드레날린이라는 독소가 나옴.

3) 성공하는 사람들의 언어 습관

무심코 말하는 습관이 우리의 인생을 바꾼다. 그 말의 순서나 표현을 조금만 바꾸면 본인도 모르게 성공에 근접할 수 있다.

🖊 아래 말들은 우리가 평소에 하기 쉬운 말이지만, 성공한 사람들은 다른 말로 표현한다고 합니다. 간단한 언어 습관 바꾸기로 우리도 성공하는 사람으로 성장해 봅시다.

일반 사람들	성공한 사람들
이제는 늦었어. 해봐야 별수 없다.	
실수할까 두려워.	
아, 피곤해.	
그저 그래요.	
재미없는 일이야.	
안 될걸? 난 못해.	
예, 예. (건성의 대답)	

행복을 키우는 습관, 성실

• • • • • 학습 목표 • • • • •

1. 성실함의 가치를 알 수 있다.
2. 좋은 습관 만들기를 통해 성실함을 키울 수 있다.

1. 성실함의 가치

1) 성실(誠實)하다: 참된 마음으로 자기가 맡은 일에 정성을 다해 힘쓴다.

2) 삶을 살아가는 자세의 중요성 ⋯▸ 매일이 기회이다.(매일 최선을 다하는 자세)
   • 작은 일에 최선을 다할 때 큰 일을 할 수 있는 기회가 주어진다.
     예) 양파 까기를 열심히 할 때 셰프가 될 수 있는 기회가 온다.
   • 하고 싶은 일을 하기 위해서는 하고 싶지 않은 일도 해야 한다.

3) 결과보다 과정을 즐길 수 있을 때 행복한 삶을 살 수 있다.

2. 성실함을 키우는 훈련

1) 하고 싶은 일보다 해야 할 일 먼저 하기

   : 하고 싶은 일을 참아내고 해야 할 일을 먼저 했을 때 일의 성취도가 높다.

2) 어려움이 있어도 견디며 목표를 달성할 때까지 포기하지 않고 실행하기

   • Critical mass(유효한 변화를 얻기 위한 수나 양)

   : 내가 원하는 변화를 만들어가기 위해 쌓아야 할 노력, 인내의 양.

   ⋯▸ 물은 100℃가 되어야 끓는다.

✎ 2주일 후에 중간고사 기간이라면 이번 주에 내가 해야 할 일과 하고 싶지만, 참아야 할 일은 무엇일까요?

또, 해야 할 일을 우선으로 했을 때와 그렇지 않을 때 어떤 차이가 있을까요?

해야 할 일	하고 싶지만 참아야 할 일

해야 할 일을 먼저 했을 때	하고 싶은 일을 참지 못하고 먼저 했을 때

3. 성실함의 기초, 습관

1) **습관(習慣)**: 어떤 행위를 오랫동안 반복하는 과정에서 저절로 익혀진 행동방식.

 (마음에 꿰어진 듯 익숙해진 것) ···▶ 제2의 천성

2) 좋은 습관을 통해 성실함이 키워진다.

3) 습관을 만들기 위해서는 먼저 생각이 변해야 행동을 변화시킬 수 있다.

 : 습관의 중요성을 알고 좋은 습관을 만들어야겠다는 마음을 가져야 한다.

4) 21일 습관달력을 활용하여 좋은 습관 만들기

 ① 무엇을 언제 어떻게 할 것인지 구체적이고 측정 가능한 행동목표를 세운다.

 ② 매일 행동목표 실천 여부를 습관달력에 표시한다. 실천했을 경우 O 표시를 하고, 실천하지 못했을 경우에는 ☆ 표시를 하면서 실천하지 못한 이유를 적는다.

 ③ 습관목표를 21일 동안 실천했을 경우 나에게 상을 준다.

21일 습관 달력

습관 목표: ___________________________

요일	월	화	수	목	금	토	일
날짜	/	/	/	/	/	/	/
	D-21	D-20	D-19	D-18	D-17	D-16	D-15
날짜	/	/	/	/	/	/	/
	D-14	D-13	D-12	D-11	D-10	D-9	D-8
날짜	/	/	/	/	/	/	/
	D-7	D-6	D-5	D-4	D-3	D-2	D-1

마음을 얻는 지혜, 경청

1. 경청의 의미

1) 귀로 듣고, 눈으로 보며, 마음으로 받아들이고, 상대방을 왕으로 받들어 줌.

2) 상대의 마음을 얻고자 한다면 온 마음을 다해 들어야 함.

3) 대화의 시작은 경청입니다!

> 말하는 것은 지식의 영역이고, 듣는 것은 지혜의 영역이다!

2. 경청의 4단계

1단계	2단계	3단계	4단계
귀로 듣는다.	눈으로 듣는다.	입으로 듣는다.	마음으로 듣는다.

1) **1단계 – 귀로 듣기**: 가장 낮은 단계, 단순히 상대의 말이 귀로 전달되는 단계. 겉으로는 상대의 이야기를 듣고 있는 것 같지만, 속으로는 딴생각에 빠져 있거나 고정관념 또는 선입견을 품고 듣는 단계.

2) **2단계 – 눈으로 듣기**: 상대의 표정, 몸짓, 자세, 말투 등(비언어적 메시지)을 읽으며 듣는 단계.

3) **3단계 – 입으로 듣기**: 상대의 이야기를 들으며 맞장구를 치는 등 적극적으로 이야기를 듣는 단계. 입을 사용하게 되면 '나는 네 말을 신중하게 듣고 있다.'는 신호를 보내게 되어 소통에 한발 더 다가서게 됨.

4) **4단계 – 마음으로 듣기**: 듣기 방법의 가장 이상적인 단계. 귀와 입뿐 아니라 마음까지 동원해서 상대의 이야기를 듣는 단계인데, 이를 '적극적 경청'이라 함.

※적극적 경청

말하는 사람이 전달하고자 하는 이야기의 내용은 물론 그 내면의 동기나 감정, 정서도 귀 기울여 듣고, 상대방에게 내가 이해한 바를 듣게 해주어야 합니다.

– 칼 로저스(Carl Rogers)

3. 마음으로 듣기(적극적 경청) 시 유의점

1) 평가나 비판, 충고, 탐색을 하지 않는다.
2) 상대방의 입장에서 사실과 감정과 의도를 이해하고 수용한다.

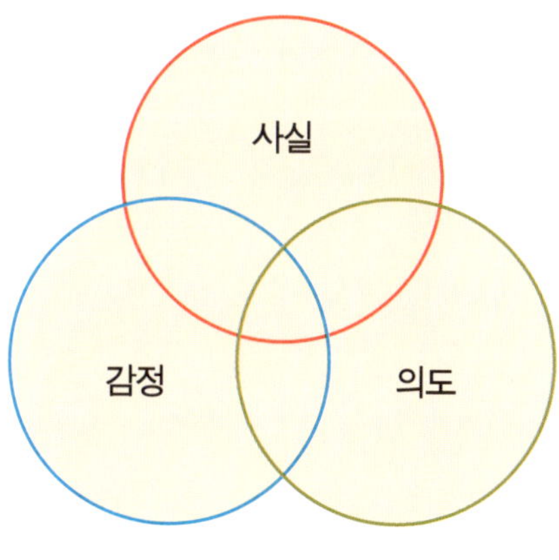

〈상대방 입장에서 듣기〉

✏ 다음은 경청 시 우리가 상대방을 평가하지 않게 하는 능력을 기르는 문제 입니다.
문장을 읽고 평가, 충고, 탐색이 포함된 문장엔 X, 그렇지 않은 문장에는 O 표 하세요.

(1) 신지는 아침에 이유도 없이 내게 소리를 질렀다. (   )

(2) 현정이는 오늘 아침에 지각해서 선생님께 혼이 났다. (   )

(3) 수현이는 번번이 내 의견을 묻지 않고, 제멋대로 결정한다. (   )

(4) 우리 어머니는 훌륭하신 분이다. (   )

(5) 송희는 항상 발표를 잘한다. (   )

(6) 동민이는 부정적이다. (   )

(7) 경주는 나를 무시하고 깔보는 경향이 있다. (   )

(8) 준호는 더 좋은 학교에 가려고 한다. (   )

(9) 인성이는 내게 헤어스타일이 어울리지 않는다고 말했다. (   )

(10) 효리가 그린 그림은 형편없다. (   )

4. 경청 게임

✏ 짝을 정하여 서로의 일상을 이야기하고 경청하며 다음에 해당하는 내용을 적어보세요.

1. 사실 듣기

2. 비언어적 메시지 관찰하기

3. 감정 듣기

4. 입으로 듣기

5. 의도 듣기

6. 통합해 보기

느낀 점

제10장

관계를 키우는 힘, 칭찬

· · · · · 학습 목표 · · · · ·

1. 칭찬을 하면 좋은 점을 알 수 있다.
2. 올바른 칭찬의 방법을 알 수 있다.
3. 칭찬 일기 쓰기를 통해 칭찬을 습관화할 수 있다.

아름답게 사는 방법

입술이 아름다워지고 싶으면 친절한 말을 하라.

눈이 사랑스러워지고 싶으면 사람들에게서 좋은 점을 보아라.

몸매가 날씬하고 싶으면 네 음식을 배고픈 사람과 나누어라.

머리카락이 아름다워지고 싶으면

하루에 한 번이라도 어린이가 네 머리를 쓰다듬게 하라.

자세가 멋져지고 싶으면 결코 혼자 걷고 있지 않음을 명심하라.

사람들은 상처로부터 복구되어야 하며, 낡은 것으로부터 새로워져야 하고,

병으로부터 회복되어야 하며, 무지함에서 벗어나야 하고,

고통에서 벗어나야 한다.

결코 누구도 버려서는 안 된다.

기억하여라.

만약 도움의 손길이 필요하다면 네 팔 끝에 있는 손을 이용하면 된다.

네가 나이가 들면 손이 두 개라는 사실을 발견하게 된다.

한 손은 너 자신을 돕는 손이고 다른 한 손은 남을 돕는 손이다.

-《칭찬 한마디의 힘》, 용혜원

평소 칭찬을 듣는 편입니까? 아니면 자주 하는 편입니까?
내가 주로 들었던 칭찬이나 자주 하는 칭찬이 있다면 적어봅시다.

★부모님:

★선생님:

★친구:

칭찬을 하면 어떤 점이 좋을지 생각해 보고 자유롭게 적어 봅시다.

1. 칭찬의 효과

1) 우리에게 자신감을 준다.

2) 대인관계가 좋아진다.

3) 긍정적이고 적극적인 사람이 된다.

4) 상대방을 이해하는 마음을 갖게 된다.

5) 자신 속에 숨어있는 잠재력을 발휘하게 된다.

6) 표정과 성격을 좋게 변화시켜 준다.

2. 올바른 칭찬의 방법

1) 칭찬은 구체적으로 하라.

　예) 그림을 잘 그렸네!

　　⋯➔ 눈동자가 정말 살아있는 것처럼 잘 표현했구나. 정말 표현력이 좋은걸!

2) 본인 외에 가까운 사람이나 제삼자에게 칭찬하라.

　예) 미영아~, 우리 반 혜진이 알지? 혜진이는 정말 옷을 센스 있게 잘 입는데 진짜 멋있어.

3) 평소의 행동을 칭찬하라.

　예) 미리는 친구들을 평소에 잘 도와주는 마음이 예쁜 사람이야.

　　예지는 어떻게 한 번도 지각을 하지 않니? 정말 너의 성실함이 부러워.

4) 존재 자체를 칭찬하라.

　예) 나는 네가 내 친구라는 사실이 정말 행복해.

　　우리 반의 분위기를 항상 띄워주는 용재가 있어서 얼마나 좋은지 몰라.

🖉 위의 방법으로 주변의 한 사람에 대해 칭찬해 보세요. (자기 자신도 가능)

대상	칭찬하기

🖉 내가 듣고 싶은 칭찬의 말은 무엇인지 적어보세요.

3. 잘못된 칭찬

1) 일관성이 없는 칭찬

  예) 오늘 헤어스타일 참 예쁘다! 그런데 옷하고 신발하고는 영 안 어울리는데?

2) 건성으로 하는 칭찬

  예) 그래~ 알았어. 잘했어~.

3) 부담스러운 칭찬

  예) 너는 역시 장동건보다도 잘생기고 멋있어!

4) 의도가 있는 칭찬

  예) 문제집 3장을 단숨에 풀었네. 내일부터는 5장씩 해도 되겠다.

4. 칭찬의 습관화

1) 매일 누구에게 어떤 칭찬을 했는지 써보자.

2) 만약 다른 사람을 칭찬하지 못했다면 자신을 칭찬한다.

날짜	누구에게	어떤 말로 칭찬했나요?

MEMO

두런두런
인성
이야기
메뉴얼

인성이 실력이다

1. 인성의 의미

인성(人性)은 '사람의 성품' 으로서 '각 개인이 가지는 사고와 태도 및 행동 특성'을 의미합니다. 즉, 내면에 가지고 있는 생각과 감정이 말과 행동으로 표현됨으로써 인성이 드러나게 됩니다.

우리는 "사람이 사람 같아야 사람이지, 사람이면 다 사람인가?" 라는 말을 자주 합니다. 이 말은 사람에게는 누구나 기대하는 어떤 것이 있다는 것을 나타내며, 그것은 인간을 인간답게 하는 인간의 순수한 본질인 '참 사람다움(humanity)'이라고 할 수 있습니다. 동물과 구별되어 사람만이 태초부터 지니고 있던 순수한 본질이 있는데, 환경에 적응하며 경쟁적인 삶을 살다보니 그것을 잃어버린 것입니다.

참사람다움의 회복을 통해 서로의 차이와 다름을 다양성과 개성으로 인정하고 존중하며, 자신과 타인을 가치 있는 존재로 느끼고 더불어 살아가는 행복을 느낄 수 있도록 올바른 인성교육이 절실히 요구됩니다.

올바른 인성교육을 위해서는 먼저 뇌의 구조를 살펴보아야 합니다. 인성은 우리의 생각과 감정이 말과 행동으로 표현되는 것으로서 그 모든 과정을 관장하는 것이 뇌에서 이루어지기 때문입니다.

교재의 뇌 그림에서 보는 것과 같이 우리의 뇌는 뇌간, 대뇌변연계, 대뇌신피질의 3중 구조로 이루어져 있으며, 3개의 뇌에 에너지가 공급될 때 뇌간(생명유지) → 대뇌변연계(감정, 본능) → 대뇌신피질(이성적 사고, 충동조절)의 순서로 채워집니다. 따라서 감정이 안정되어 대뇌변연계에 에너지가 충만할 때 대뇌신피질에 에너지가 충분히 공급되므로 인간 뇌의 능력이 발휘되면서 인성이 자라납니다.

우리는 동물에게 없는 정서적 정보(감정)를 처리하는 인지적 능력인 정서지능

(Emotional Intelligence)을 지니고 있습니다. 정서지능은 자신과 타인의 감정을 인식하고 적절히 표현하며 효과적으로 조절할 줄 아는 능력과 자신의 생각과 행동을 결정하는데 그런 감정을 적절하게 활용하는 능력, 다른 사람의 감정을 수용하고 그 감정에 적절하게 대처하여 관계를 형성하는 능력을 포함합니다. 다시 말하면, 정서지능은 자신을 제어하고 동기를 부여하며 어려움을 극복하는 '마음의 힘'인 것과 동시에 타인과 소통하며 관계를 형성하는 '마음을 얻는 힘'으로서 우리가 행복한 삶을 살아가기 위해 꼭 필요한 능력인 것입니다. 이러한 정서지능은 인간만이 지니고 있는 능력으로서 인성의 원천이 되며, 인간이 지니고 있는 이성적 능력을 발휘하게 하는 원동력이 됩니다.

인성은 주입식 교육으로 키워지는 것이 아니며, 혼자서 훈련한다고 해서 키워지는 것도 아닙니다. 더불어 살면서 사람과의 관계 속에서 우리가 지니고 있는 정서지능을 계발하고 서로 소통하며 일상의 작은 실천을 통해 몸에 익혀가면서 자라나는 것입니다. 실천하는 인성교육을 통해 청소년의 인성역량을 키워갈 때 인성이 성장하며 자신이 가지고 있는 본연의 참사람다움이 회복되어 행복한 삶을 살아갈 수 있습니다.

2. 미래의 인재상

미래의 인재상을 이야기할 때 창의성을 빼놓을 수 없습니다. 거기에 리더십, 도전정신, 문제해결력 등을 갖춰야 한다고 말합니다. 하지만 이 모든 것을 다 가지고 있다 해도 인성이 부족한 사람은 결코 인재가 될 수 없습니다. 인성이 갖추어지지 않은 리더십, 창의적 아이디어 등은 우리사회와 인류에게 악영향을 끼칠 수 있습니다. 노벨이 발명한 다이너마이트는 광산을 개발하는 수고를 덜어주기위해 만들어진 것이었지만, 이를 전쟁에 악용하자 많은 사람들을 살상하는 무기가 되었습니다.

인성이야말로 인재가 꼭 겸비해야 할 실력입니다.

3. 청소년 인성교육의 필요성

교재의 초중고생 인성수준 분석 결과에서 나타난 것처럼 지금은 인성교육이 절실한 때입니다. 우리나라 청소년은 성적위주의 입시중심 교육으로 인성교육은 뒷전으로 밀려나고, 인터넷과 스마트폰 등 통신기기의 발달과 중독으로 인해 사람간의 소통이 소원해지면서 개인주의적 성향이 심화되고 있습니다. 이는 범죄, 학교 폭력 문제 등 극단적인 상황을 야기 시키며 인성교육이 심각한 위기에 놓여있습니다. 심지어 최근에는 인터넷과 SNS로 거래하는 청소년 마약사범이 급증했다고 합니다. 이제 인성교육은 나 하나만의 문제가 아니라 우리 모두의 문제입니다. 참 사람다움을 회복, 성장시키는 데 초점을 두어야 합니다.

- "인생의 유일한 의미는 인간성을 위해 노력하는 것." – **톨스토이**
- "性相近, 習相遠(성상근, 습상원): 성품은 비슷하나 습관에 따라 인격의 차이가 난다." – 공자

• **교육부 인성검사 결과**

두 번째로 높은 점수의 인성	정의
가장 낮은 점수의 인성	성실
두 번째로 낮은 점수의 인성	자기조절
나는 무엇이 가장 낮을까?	* 자유롭게
나는 무엇이 가장 높을까?	* 자유롭게

4. 인성교육과 덕목

1) 인성교육진흥법의 인성교육

2015년 7월 21일 시행하게 된 '인성교육진흥법'은 인성교육을 아래와 같이 정의하였습니다.

"① 자신의 내면을 바르고 건전하게 가꾸며 ② 타인, 공동체, 자연과 더불어 사는 데

필요한 인간다운 성품과 역량을 기르는 것을 목적으로 하는 교육"

　　인성교육진흥법을 들여다보면 인성교육의 목표는 예(禮), 효(孝), 정직, 책임, 존중, 배려, 소통, 협동의 덕목을 전인적이며, 장기적으로 교육하는 것이며, 매년 인성교육의 성과를 평가하도록 제도화 되어 있습니다.

2) 참사람다움을 회복하는 인성 덕목

　　인성교육진흥법에서 인성교육을 정의한 것처럼 나의 내면을 먼저 견고히 세워야 더불어 살아가는 지혜를 발휘할 수 있습니다. 나에게 좋은 에너지가 채워질 때 그것이 다른 사람에게로 흘러가서 아름다운 관계가 형성되고, 각자가 만들어가는 아름다운 관계들이 쌓여서 사회에 영향력을 미치게 됩니다. 나의 내면을 가꾸고 더불어 살아가는 인성을 위해 인성교육진흥법의 덕목을 좀 더 세분화하여 체계적으로 나누어 보았습니다.

① 나의 내면을 가꾸는 인성 덕목 8가지는 믿음, 성실, 용기, 도전, 정직, 자기존중, 인내, 자기조절입니다.
② 더불어 살아가는 인성 덕목 12가지는 책임, 나눔, 공감, 용서, 감사, 협동, 경청, 예의, 배려, 효, 소통, 약속입니다.

• 나에게 ○○를 선물합니다.

✏ 나와 주변 사람들이 가지면 좋을 인성을 적어봅시다.

　　이때 자세한 이유를 적어보면서 나 자신을 반성하고, 주변 사람들에 대한 이해와 평가를 어떻게 하는지 알게 됩니다.

	~를	왜냐하면 ~
'나'에게	성실	항상 일보다 하고 싶은 것을 먼저 해서 바쁨.
	자기조절	감정에 치우치기보다 우선순위를 정해, 할 일을 하겠다.

• **함께하면 좋은 사람** (시인과 함께 쓰는 詩)

평소 자신이 생각하는 인성을 갖춘 사람, 닮고 싶은 사람을 떠올리며 그런 사람이 되고자 노력하고 다짐하는 시간을 갖습니다.

용혜원 시인의 〈함께 있으면 좋은 사람〉을 읽으며 그 다짐과 노력을 시로 표현해 봅니다. 나에게 선물하고 싶은 인성 덕목을 넣어 시를 지어보거나, 자유롭게 적도록 지도 바랍니다. 또한, 빈칸에 아이가 자신의 이름을 용혜원 시인과 나란히 적게 합니다.

성실해서 언제나 믿을 수 있는

격한 감정보다 잔잔한 미소와 눈빛으로

더 큰마음으로 품어

함께하면 따뜻한

키다리 아저씨 같은 사람이고 싶습니다.

1. 인성 살피기 - 에고그램

인성은 사람의 성품, 각 개인이 가지는 사고와 태도 및 행동 특성을 말합니다. 영어로는 personality, character라고 합니다. 즉, 인성을 다른 말로 성격이라고도 말할 수 있습니다. 따라서 우리는 객관적 성격 검사를 통해 자신의 인성을 점검하고 성장할 방법을 찾을 수 있습니다.

성격 검사 중 에고그램은 교류분석이론을 근간으로 듀세이라는 사람에 의해 표준화된 검사이며, 인간의 언행을 통하여 복잡한 사람의 성격을 5가지 자아 상태로 구분해 쉽게 분석할 수 있도록 개발되었습니다.

에고그램의 목적은 자신과 타인을 이해, 소통하고, 자신의 언행을 바람직한 방향으로 수정하여 통합적으로 자기와 타인의 관계 및 조직을 이해할 수 있게 하는 데 그 목적이 있습니다. 예를 들어, 성격적으로 무뚝뚝한 사람은 다른 사람에게 불친절한 사람으로 오해를 사게 되어 긍정적인 관계를 맺는 데 어려움을 겪을 수 있습니다. 에고그램 검사 결과를 통해 각자의 다름을 인정하고, 더불어 자신이 생각하는 바람직한 인성의 사람의 언행이 무엇인지 생각하고 변화를 계획, 노력하도록 지도 바랍니다.

2. 에고그램으로 나의 성격 파악하기

에릭 번의 교류분석이론은 성격의 구조와 역동을 어버이(P), 어른(A), 어린이(C)와 같은 자아 상태의 세 가지 구성 요소로 나누어 이들이 사람들 사이에서 어떻게 교류되는가를 분석하는 데 초점을 맞추고 있습니다.

• 5가지 자아

1) 어버이 자아(부모 자아, Parent; P)

5세 이전에 부모나 부모처럼 여겨지는 사람들의 말이나 행동을 모방하는 방식으로, 비판 없이 받아들여서 행동하고 내면화시킨 것입니다. 따라서 어버이 자아에 의한 행동은 독선적, 비현실적, 무조건적, 금기적인 것이 많습니다. 어버이 자아는 비판적 어버이 자아(CP)와 양육적 어버이 자아(NP)로 나누어집니다.

① 비판적 어버이 자아(Critical Parent; CP)

CP는 법, 도덕, 질서, 윤리, 규율, 규범 등을 지키려는 역할을 수행합니다. 양심이나 이상과 깊은 관련을 가지고 있어서 주로 아이들이 생활하는 데에 필요한 여러 가지 규칙들을 생각하지만, 동시에 비판이나 비난을 하게 됩니다. 이 자아가 지나치게 강하면 지배적인 태도와 명령적인 말투로 칭찬보다는 나무라는 경향 등이 있습니다.

② 양육적 어버이 자아(Nurturing Parent; NP)

NP는 어린이의 성장을 도와주는 어머니 같은 기능으로 친절, 동정, 애정, 보호, 헌신, 위로, 공감 등의 관용적인 태도를 보입니다. 아이나 후배를 친절히 돌보며, 격려하고, 가까운 사이가 되어 보살펴 주는 것이 이 자아의 특징입니다. 벌하기보다는 용서하고 칭찬하며 지도합니다. 타인의 괴로움을 자기 일처럼 느끼는 양육적이고 부드러우며 상냥한 면을 지니고 있습니다.

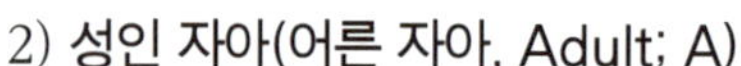

2) 성인 자아(어른 자아, Adult; A)

지성, 이성, 정보 수집, 사실에 입각한 판단, 냉정한 계산, 분석적 사고 등의 임무를 수행합니다. 특히 성격의 객관적인 부분으로 지금 현재 상황이 어떻게 진행되고 있는지 외부의 현실과 사실을 감정

적, 주관적인 처리가 아닌 객관적인 판단에 따라 행동합니다. 타인과의 교류라는 측면에서 본다면 A는 성인으로서 주위와의 주고받기 관계를 맺는 마음이라고 하겠습니다.

3) 어린이 자아(아이 자아, Child; C)

어린아이였을 때 한 것과 같이 행동하고 사고하고 느낄 때의 상태를 말합니다. 인간 내의 생득적으로 자연히 일어나는 모든 충동과 감정, 그리고 5세 이전에 경험한 외적 상태, 특히 부모와의 관계에서 경험한 감정과 그것에 대한 반응양식이 내면화된 것입니다. 어린이 자아는 기능에 따라서 자유로운 어린이 자아와 순응하는 어린이 자아로 구분됩니다.

④ 자유로운 어린이 자아(Free Child; FC)

FC는 인격 중에서 가장 선천적인 부분이라 할 수 있습니다. 천진난만하고, 자유로운 감정표현, 직관력, 충동적, 호기심 등의 모습을 보입니다. 이상적으로 말하면, 자유로워서 어떤 것에도 구속받지 않는 자발적인 부분이며, 창조성의 원천이라고 할 수 있으며, 이 자아는 일반적으로 밝고, 유머가 풍부합니다. 더욱이 선천적으로 갖추어진 예술적인 소질이나 직관력 등도 자유로운 어린이 자아의 모습입니다. 지나치게 때와 장소를 가리지 못하는 철없는 행동은 곤란하지만, 일반적으로 FC가 풍부한 편이 건강하다고 합니다.

⑤ 순응하는 어린이 자아(Adapted Child; AC)

다른 사람의 기대에 따르려고 노력하는 착한 아이의 역할을 수행합니다. AC는 본래의 자기 기분을 참고 부모나 선생님의 기대에 따르려고 노력하는 모습을 보입니다. 구체적으로 싫은 것을 싫다고 말 못 하고 간단하게 타협해 버리며, 자연스러운 감정을 보이지 않고, 자발성이 없고 타인에게 의존하기 쉬운 모습을 보입니다. 말이 없고 얌전한 착한 아이지만, 가끔은 반항하거나 격노하기도 하므로, 우울, 원한, 죄악감, 슬픔, 자기혐오 등과 같이 순응하는 어린이 자아가 지나칠 경우를 주의해서 살펴야 합니다. AC는 자유스러운 나를 극도로 억압하여 마치 어른인 것처럼 행동하여 주위를 놀라게 하는 경우도 있습니다.

아래 유형을 대표하는 그림을 보고 특징을 연결해 봅시다.

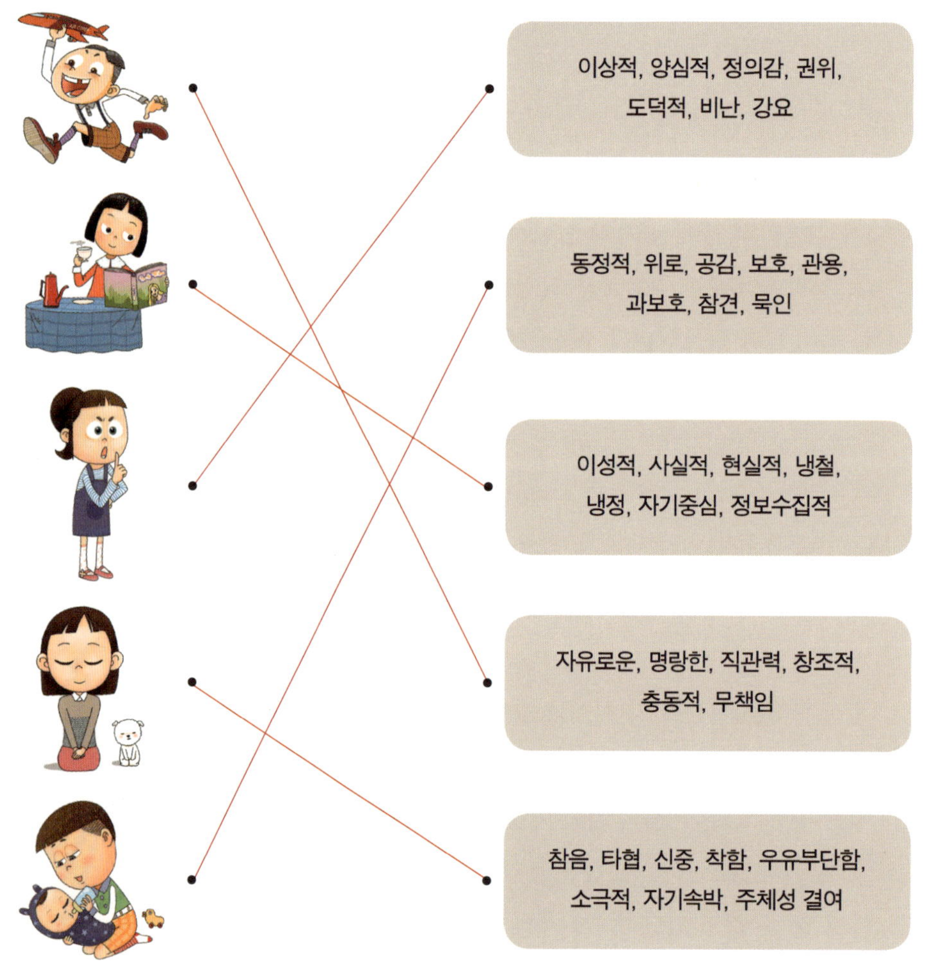

• 에고그램 해석 방법

  - 각 영역별로 자아 상태의 기본적 성질을 이해.

  - 그래프 중 가장 높은 부분과 가장 낮은 부분을 확인.

  - 자아 상태 점수의 높고 낮음을 생각하면서 종합적으로 판단.

• [심화 자료]

그래프에 표시한 CP, NP, A, FC, AC를 연결한 선의 모형에 따른 분류

(정도에 따라 해석내용에 차이가 있을 수 있습니다.)

① ∧형 – 원만

　A가 높은 [∧]형은 시야가 넓고 판단력이 있으며 여러 가지 일을 고려한 후 행동합니다. 자기주장이 너무 강한 것도 아니고, 제 일을 타인에게 미루는 사람도 아닌 뛰어난 균형감을 가지고 있습니다. 자기 생각이 분명하고 인간관계로 인한 스트레스가 적지만, 때론 냉정한 사람으로 비치기도 합니다.

　NP를 정점으로 하는 [∧]형의 에고그램은 일반적으로 대인관계에 있어서 문제가 적고 자기와 타인을 모두 긍정하는 사람이라고 할 수 있습니다. 이 패턴은 '인화, 조화'를 강조하는 사람에게 많이 나타나는 패턴입니다.

② N형 – 헌신

　NP를 정점으로 하고 FC를 낮은 점으로 하는 N형은 자기 부정적이고 타인에게 의존적입니다. 이 형태의 사람은 NP가 높고 타인에 대한 배려나 온정이 있지만, AC가 높으므로 하고 싶은 말을 하지 못하고 마음속으로 삭이는 것이 특징입니다. 기분전환도 잘할 줄 모르므로 싫은 감정을 쉽게 잊어버리지 못하여 스트레스로 병을 얻기 쉬운 사람들이 많습니다.

③ 역 N형 – 자기주장

　　CP, FC가 높고 NP, AC가 낮은 역 N형은 자기중심적인 성향을 가졌습니다. 그러나 이 패턴의 사람이 가진 야망이나 욕망이 예술이나 예능 방면으로 향했을 때는 탁월한 능력을 발휘합니다. 흔히 말하는 예술가 타입이라고 할 수 있겠습니다.

④ V형 – 갈등

　　양 끝의 CP, AC가 높고 전체가 V형으로 되는 에고그램입니다. CP가 높으므로 '이렇게 해야 해!', '이렇게 해서는 안 돼!'라고 자신이나 타인에게 완전함을 요구하지만, 마음속으로 갈등을 반복하고 후회를 많이 하는 사람입니다. 결국 책임감이나 사명감에 사로잡혀 있는 엄격한 자신과 타인의 평가에 신경을 쓰는 자신이 끊임없이 갈등을 반복하고 있는 것이 특징입니다.

⑤ W형 – 고뇌

　　앞의 V형과 비슷한 형태로 양쪽의 CP, AC가 높은 데다 A도 높은 점이 특징입니다. CP, AC의 갈등상황은 V형과 같지만, A가 높아 현실을 음미하거나 분석하려고 하는 만큼 이 부분의 고민은 심각합니다. 자포자기나 침울한 상태가 되지 않도록 조심해야 합니다.

⑥ M형 – 명랑

　　NP, FC 양쪽이 높고 다른 것은 그것보다는 낮은 것이 특징입니다. 이 패턴은 밝고 명랑한 사람들에게 잘 나타납니다. 타인에 대한 배려가 있고 호기심이 왕성하며 즐거운 것을 아주 좋아하는 사람이라고 할 수 있습니다. 분위기를 주도하는 밝고 유쾌한 사람입니다.

⑦ **오른쪽으로 내려가는 형 – 완고**

　CP를 정점으로 우측으로 내려가는 우경사형의 특징은 한마디로 믿음직하기도 하지만, 완고하다는 것입니다. AC가 가장 낮아 타인의 의견에는 귀를 기울이지 않습니다. 타인이 하는 일에 만족하지 못해 화를 내는 경우도 있어 두통이나 고혈압이 되기 쉽다고 합니다.

⑧ **일직선 – 원숙함 또는 무기력함**

　점수의 높고 낮음으로 원숙함인지 무기력함인지를 알아볼 수 있습니다.

제3장

나로부터 시작하는 이야기, 인성 Ⅱ

1. 5가지 자아와 나

지난 시간 우리는 에고그램의 여러 유형을 살펴보았습니다.

우리 성격은 5가지 자아가 어떻게 구성되느냐에 따라 성격을 알 수 있습니다.

우리의 5가지 자아를 알게 되면 나와 내 주변 사람의 평소 모습과 긍정적인 면, 개선할 점이 보입니다.

너무 낮거나 너무 높아 성격적 결함으로 보일 수 있는 행동이 있으니, 우리의 평소 언어와 행동을 수정하면 자신과 타인과의 관계에서 더 행복할 수 있음을 알도록 지도 바랍니다.

✏ **유형의 대표 그림을 보고 빈칸을 채워 보세요.**

지난 검사 결과를 아이와 매뉴얼을 통해 충분히 알아본 후 이 활동을 진행합니다.

자유롭고, 구체적으로 적을 수 있게 격려하며, 질문하는 것에 답해 주시기 바랍니다. 하지만 낮은 점수의 자아는 경험이 적어 쓰기 힘들 수 있으니 억지로 생각을 유도하지 않도록 주의합니다. 아이가 생각하는 것을 옳다 그르다는 표현으로 평가하지 말아야 합니다.

자아(마음)	좋은 점	개선할 점
비판적 부모(어버이)	리더십이 있다. 규칙을 잘 지킨다.	목소리가 크다. 마구 지시한다.

나는 언제, 누구에게 이런 모습을 보이나요? <u>동생이 방을 어지를 때.</u>
(친구라면 구체적으로 이름을 적어봅시다.)

그때 상대방은 어떻게 하나요? <u>내 말에 따르거나, 운다.</u>

상대방의 기분은 어떨까요? <u>나를 멋지다 생각한다. 무섭다. 나를 싫어한다.</u>

자아(마음)	좋은 점	개선할 점
양육적 부모(어버이)	얘기를 잘 듣는다. 화를 잘 안 낸다.	간섭이 심하다. 응석을 받아주니 힘들다.

나는 언제, 누구에게 이런 모습을 보이나요? <u>동생</u>
(친구라면 구체적으로 이름을 적어봅시다.)

그때 상대방은 어떻게 하나요? <u>나를 잘 따르지만, 가끔은 고집부린다.</u>

상대방의 기분은 어떨까요? <u>나를 매우 좋아하고 나를 인정해준다.</u>

자아(마음)	좋은 점	개선할 점
어른	생각하고 말하고 행동하니 실수가 적다.	자신만 생각한다. 냉정하다.

나는 언제, 누구에게 이런 모습을 보이나요? <u>친구○○○ 시험기간에 각자 공부하자고</u>
(친구라면 구체적으로 이름을 적어봅시다.)

그때 상대방은 어떻게 하나요? <u>가끔 서운하다고 말한다.</u>

상대방의 기분은 어떨까요? <u>무안하다. 같이 하고 싶은데….</u>

자아(마음)	좋은 점	개선할 점
자유로운 어린이	명랑하다. 즐겁다. 자유롭다.	철 없어 보인다. 충동적이다. 제멋대로다.

나는 언제, 누구에게 이런 모습을 보이나요? <u>엄마</u>

(친구라면 구체적으로 이름을 적어봅시다.)

그때 상대방은 어떻게 하나요? <u>내 말에 웃을 때도 있고, 화내시기도 한다.</u>

상대방의 기분은 어떨까요? <u>재밌기도 하지만, 가끔은 짜증 나겠다.</u>

자아(마음)	좋은 점	개선할 점
순응적 어린이	착하다는 소리를 자주 듣는다. 겸손해 보인다.	자기 의견을 말하지 못해 속상해한다.

나는 언제, 누구에게 이런 모습을 보이나요? <u>친구 ○○○ 부탁하면 들어준다.</u>

(친구라면 구체적으로 이름을 적어봅시다.)

그때 상대방은 어떻게 하나요? <u>고맙다고 말한다.</u>

상대방의 기분은 어떨까요? <u>내가 말을 잘 들어주니 좋아한다.</u>

2. 같은 상황 다르게 말하는 우리

앞서 내 안의 5가지 자아를 살펴보았다면, 같은 상황이라도 유형별로 다르게 말하는 우리를 알고 이해하는 시간을 가져보도록 합니다. 유형에 해당하는 가족이나 반 친구들과 함께 의견을 나누게 한다면 더욱 좋습니다.

가정에서 혼자 할 경우 반드시 5가지 상황을 다 채울 필요는 없습니다.

자아(마음)	친구가 지각하면	슬픈 일이 생기면	특징
비판적 부모(어버이)	얘는 왜 늦는 거야? 하여간 이럴 때 벌금을 내게 하든지 해야 해.	슬픈 일을 일어나게 한 사람들을 용서할 수 없어. 누가 이 일에 대해 설명 해 봐.	도덕적 비판 비난 속담 교훈 설득 강요
양육적 부모(어버이)	늦는데…. 걱정이다. 무슨 일이 있나? 길을 잘못 알았나? 전화해서 알려줘야겠다.	얼마나 슬플까? 도와줄 일은 없을까? 내가 너와 함께 할게.	공감 동정 위로 보호 묵인
어른	늦는 이유가 있겠지. 일 있으면 전화하겠지. 거기 길 막힌다. 평소 지각을 자주 하니까….	왜 이런 일이 일어났느냐면…, 음…. 다음부터는 이런 일이 일어나지 않으려면 어떻게 할까?	냉정 정보수집 사실적 분석
자유로운 어린이	같이 지각한다. 기다리는 동안 우리는 뭐 하고 놀까?	아 슬프다…. 가슴이 너무 아파….	자유로운 충동적 명랑한 감정표현
순응적 어린이	늦기도 하네…. 늦지 말라고 하면… 뭐라 하겠지?	소리 없이 울기만 한다. 어떻게 할지 다른 사람들에게 물어본다.	참음 착한 자기속박 감정억제

유형별 반응과 생각을 들으며, 자신을 돌아보고 다른 유형에게 배울 점을 찾아보게 지도해 주시기 바랍니다.

3. 성장하는 나

하나의 자아 상태 에너지가 급격하게 증가하게 되면 다른 자아 상태들은 자아 상태의 전체 에너지양이 일정하게 유지하기 위해 감소하게 된다고 합니다. 마치 '에너지 보존법칙의 원리'처럼 개인의 내부에 있는 심리적 에너지의 양에도 적용된다고 보았습니다.

따라서 자신의 에고그램상의 자아 상태를 변화시키는 가장 좋은 방법은 활성화 시키고자 하는 자아 상태의 에너지를 증가시키는 것입니다. 낮은 에너지의 자아 상태를 활성화하면, 높은 자아 상태의 에너지는 자연적으로 낮아집니다. 이것을 '자아 상태 기능 활성화'라고 합니다.

우리는 넘치는 부분을 비우고, 모자란 부분은 채우면 더욱 행복한 대화를 할 수 있습니다. 올바른 방향으로 성장하기 위한 목표를 정하여 구체적인 실행 방법을 2개 이상 적고 함께 다짐합니다.

스스로 확인하고 깨닫는 과정이 필요하니, 첨부된 표를 참고할 때 학생이 자신에게 해당되는 사항들을 표시하게 해보세요.

점수	유형	이런 방법으로 나는 성장할래요~ (구체적 목표와 계획)
매우 높음	AP	내 생각을 다른 사람에게 말한다.
		스스로 할 일을 생각해본다.
		* 반드시 칸을 채우지 않아도 좋습니다.
매우 낮음	A	계획을 세운다.
		곰곰이 생각하고 무엇이 좋은지 판단한다.
		책을 많이 읽으며 지식을 쌓는다.

유형별 특징 분석표

구분	성격	언어	소리 · 말투	자세 · 동작 · 표정 · 몸짓
CP	양심적 권위적 이상적 징벌적 도덕적 강제적	당연하지 격언, 속담 인용 이론을 내세운다 말한 대로 해라 못쓰겠군 멍청하군 ~ 하지 않으면 안 된다 나중에 후회할걸	단정적 조소적 의심을 품는다 강압적인 말투 도와주는 척 교훈적 설교적 비난을 풍긴다	전능자적(자신감 있는) 지시적인 리더다운 도전적 주먹으로 책상을 친다 업신여긴다 특별 취급을 요구한다
NP	공감적 보호적 위안 배려 동정 응석받기	알겠어요 쓸쓸(섭섭)하다는 거지요 잘 되었어요 염려 말아요. 할 수 있어요 불쌍하게도 참 잘됐군요 힘을 내세요 좋은 아이야 걱정하지 마세요	온화하다 안심감을 준다 비징벌적 기분을 알아주는 동정적 애정이 듬뿍 따뜻한 부드러운	손을 내민다 과보호적 태도 미소를 띠다 어깨에 손을 얹다 배려가 가득하다 돌보는 데 열중한다 천천히 귀를 기울인다
A	정보수집지향 사실 평가적 분석적 객관적 합리적 계산적 냉정한	잠깐! 기다려 누가? 언제? 왜? 얼마… 어디에서? ~라고 생각한다. 구체적으로 말한다 생각해 봅시다 나의 의견으로는…	차분한 낮은 소리 단조로움 일정한 음조 냉정 상대편에게 맞춤 명료 상대가 말한 내용을 이해	주의 깊게 듣는다. 냉정, 관찰적 기계적 태도 안정된 자세 때로는 타산적 생각을 종합한다 계산되어 있다 대등한 태도
FC	본능적 적극적 창조적 직관적 감정적 호기심 자발적 행동적	감탄사 깨끗하다! (더럽다! 아프다) 좋아요. 싫어요 갖고 싶다 부탁한다 해줘요 못해요 도와주어요 기뻐요 등	개방적 느긋한 모양 큰 소리로 자유 자연 감정적 흥분적 밝은 싫증 나지 않는 티없는	자유로운 감정표현 자발적 잘 웃는다 유머가 풍부하다 낙관적 공상적 이완한다 응석 부린다
AC	순응적 감정억제 반항적 소극적 의존적 착한 아이	곤란한데요… ~해도 좋을까요 잘 모르겠습니다 안 됩니다 저 같은 사람이… 조금도 알아주지 않는다 슬프다, 우울하다 쓸쓸하다, 분하다 이젠 좋아요.	소곤소곤 대다 자신이 없다 끈덕지다 조심스럽다 여운이 있는 반응 물어뜯는다 한스럽다 때로는 격분 애처롭다	마음을 쓴다 탄식 동정을 구한다 반항적 겁에 질린다 비위를 맞추는, 알랑거리다 침울하다 도전적

행동 수정 조언표

		CP	NP	A	FC	AC
높은 점수	**긍정적인 면**	• 이상을 추구한다. • 양심에 따른다. • 규칙을 지킨다. • 피(의기)가 통한다. • 의무감, 책임감이 강한 노력가	• 상대에게 공감, 동정한다. • 돌보기를 좋아한다. • 상대를 받아들인다. • 봉사정신이 풍부하다.	• 이성적이다. • 합리성을 존중한다. • 침착하고 냉정하다. • 사실에 따른다. • 객관적으로 판단한다.	• 천진난만하다. • 호기심이 강하다. • 직관력이 있다. • 활발하다. • 창조성이 풍부하다	• 협조성이 풍부하다. • 타협성이 강하다. • 착한 아이이다. • 순종한다. • 신중하다.
	개선할 점	• 건성으로 대답한다. • 중도를 허용하지 않는다. • 비판적이다. • 자신의 가치관에 절대적이다.	• 지나치게 보호, 간섭한다. • 상대의 자주성을 해친다. • 상대의 응석을 받는다.	• 기계적이다. • 이익에 밝다 • 타산적이다. • 냉정하다. • 냉철하다.	• 자기중심적이다 • 동물적이다. • 감정적이다. • 일하고 싶은 대로 해 버린다.	• 조심스럽다. • 의존심이 강하다. • 참아버리고 만다. • 주저주저한다. • 앙심(원한)을 품는다.
	조언	완벽주의를 버리고 상대의 좋은 점이나 생각을 인정하는 여유를 가진다. 일이나 생활을 즐도록 한다.	자신과 상대의 관계를 가능한 냉정하 게 파악하고 참견이나 간섭이 되지 않도록 한다.	매사에 타산적으로 생각하지 말고, 자신의 감정이나 상대의 기분 등에도 눈을 돌린다.	기분이나 감정으로 행동하지 말고, 선후를 생각하도록 한다. 심호흡하고 행동한다.	느낀 것을 망설이지 않고 표현한다. 스스로 자신이 있는 것부터 실행해 본다.
		CP	**NP**	**A**	**FC**	**AC**
낮은 점수	**긍정적인 면**	• 천성이 대범하고 유연하다. • 융통성이 있다 • 유연함이 있다 • 평온하다.	• 천성이 대범하고 유연하다. • 융통성이 있다 • 유연함이 있다 • 평온하다.	• 인간미가 있다. • 좋은 사람 • 순박하다.	• 얌전하다. • 감정적으로 되지 않는다.	• 자주성이 풍부하다. • 적극적이다.
	개선할 점	• 미적지근하다 (미온적이다) • 구분이 불분명하다. • 판단력이 모자란다, • 규율을 지키지 않는다.	• 상대에게 공감, 동정하지 않는다. • 다른 사람의 일에 마음쓰지 않는다. • 따뜻함이 없다	• 현실 무시 • 계획성이 없다 • 생각이 정돈되어 있지 않다. • 논리성이 모자란다. • 판단력이 모자란다.	• 재미가 없다. • 어두운 인상을 준다. • 무표정 • 희로애락을 나타내 지 않는다.	• 상대가 말하는 것을 듣지 않는다. • 일방적이다. • 접근하기 어렵다는 인상을 준다.
	조언	자기 자신에게 의무를 부여하고 책임을 갖고 행동하도록 한다. 사물의 구분을 중요시한다. 판단력을 기른다.	가능한 한 상대에게 동정심을 갖도록 노력한다. 가족이나 친구에게 서비스한다. 동물 등을 돌보아주기를 한다.	정보를 수집, 다양한 각도에서 사물을 생각. 잘되지 않아도 스스로 답을 풀고 나서 다른 사람에게 상담하도록 한다.	마음의 문을 닫아버리지 않도록 될 수 있는 한 명랑하게 행동하며 기분을 돋군다. 스포츠, 여행, 외식하러 가는 것도 좋다.	상대의 입장이 되어 생각 하거나 상대의 의견을 듣는다. 상대의 입장을 세워주고 존중한다. 타인우선의 태도를 몸에 붙인다.

• **조언표 보기**

앞의 표에서 CP가 높고 NP가 낮은 경우를 살펴봅니다. 표에서 보듯이 모든 자아 유형이 높거나 낮으면 나쁜 것이 아닙니다. 다른 행동을 보일 뿐, 모두 긍정적인 면과 개선할 점을 가지고 있음을 아는 것이 중요합니다. 그래야 자신을 사랑하며, 주체적으로 다른 사람과의 관계에서 성장, 변화하려고 노력합니다.

제4장

내 마음을 보여줘, 감정의 이름표

1. 감정의 실체

- 어떤 현상이나 일에 대하여 일어나는 마음이나 느끼는 기분.
- 내 감정의 이름을 붙이고 그 감정을 인정해 주면 마음이 안정된다.
- 감정은 좋고 나쁨이 없다.

아이들 대부분은 행복, 사랑, 기쁨과 같은 감정은 좋은 감정으로, 화, 언짢음, 우울, 슬픔과 같은 감정은 나쁜 감정으로 생각하는 것을 자주 볼 수 있습니다. 하지만 감정이란 좋고 나쁨으로 구분할 수 없습니다. 우리 안에 잠재해 있는 다양한 감정들은 우리가 이 세상을 살아가기 위해서 반드시 필요한 것들입니다. 감정 자체가 아니라 그 감정으로 인해 어떤 행동을 하느냐에 따라 옳고 그름, 좋고 나쁨이 결정되는 것입니다.

자신이 느끼는 감정을 들여다보고 그 감정이 어떤 감정인지, 무엇 때문에 그러한 감정이 생기는지를 알고 인정해주면 마음이 편안해지고 안정됨을 느낄 수 있습니다. 이러한 과정을 반복할 때 감정을 조절할 수 있는 힘이 생기게 됩니다.

✏️ 평소에 사용하는 감정 단어는 어떤 것이 있는지 적어보세요.(행복해, 화나 등)

짜증 나, 행복해, 화나, 헐~, 뭐래, 쩔어, 심쿵,
안 물(안 물어봤어), OTL, 완전 짱이야~ 등

평소에 자주 사용하는 감정 단어는 어떤 것이 있는지 작성하게 도와주시기 바랍니다. 아이들 대부분은 사용하는 감정 단어의 종류가 매우 적은 것을 볼 수 있습니다. 예를 들어 짜증 나, 몰라, 귀찮아 등의 한두 개 단어로 거의 모든 감정을 표현하고 있습니다.

2. 감정 단어의 종류

앞서 살펴보았듯이 아이들이 사용하는 감정 단어의 종류는 그다지 많지 않습니다. 따라서 교재에 제시된 감정 단어(욕구가 충족되었을 때, 욕구가 충족되지 않았을 때)를 사용하여 자신의 감정을 좀 더 구체적이고 세밀하게 표현할 수 있게 도와주셔야 합니다. 단순히 '기분 좋아'가 아니라 그 감정이 생긴 상황을 보면 뿌듯한 감정인지, 감동을 받은 것인지, 즐거운 것인지 구분할 수 있게 해주는 것입니다. 다양한 감정 단어가 익숙해질 때까지는 지속적으로 감정 단어를 보면서 구체화하는 작업을 할 수 있게 옆에서 격려해 주시기 바랍니다.

3. 진짜 감정 들여다보기

🖊 예시를 참고하여 상황에 따른 내면의 진짜 감정(1차 감정)과 2차 감정(행동, 겉으로 드러난 감정)을 구분해 보세요.

예시 상황을 읽어보고 1차 감정과 2차 감정을 구분할 수 있게 설명해 주시기 바랍니다. 겉으로 드러나는 감정인 2차 감정은 숨어 있는 1차 감정의 다른 표현이라 할 수 있습니다. 진짜 숨은 감정인 1차 감정이 무엇인지 알게 되면 마음이 진정되고 그 상황을 더욱 잘 이해할 수 있게 되는 것입니다. 예시에 나온 것처럼 접시를 깬 것을 보고 겉으로 드러난 감정은 화를 내는 것이었지만, 그 내면의 1차 감정은 다른 이유가 있었다는 것을 자녀가 알 수 있다면 엄마가 화를 내는 것을 본 자녀도 마음의 상처를 받지 않을 것입니다.

상황	2차 감정 (행동, 겉으로 드러난 감정)	1차 감정 (진짜 감정)
연락 없이 늦게 귀가했을 때 화를 내시는 엄마	소리를 지른다. 등을 때린다. 화를 낸다.	자녀가 걱정이 되어서 불안하다.

친한 친구가 다른 아이에게 내 흉을 보았다는 것을 알게 되었을 때 나	화가 난다. 어이가 없다.	서운하다 허탈하다 속상하다

4. 감정 일기 쓰기

하루를 돌아보며 감정 일기를 써봅니다. '오늘 나의 감정'에는 교재의 감정 단어를 참고하여 구체적으로 감정을 표현할 수 있게 도와주시기 바랍니다. 욕구가 충족되지 않았을 때의 감정이 생겼던 날은 어떻게 하면 그 감정을 전환할 수 있을지 같이 이야기를 나눠 봅니다. 꾸준히 감정 일기 쓰면 마음이 안정되는 효과와 함께 감정 조절능력이 향상됩니다.

– 예시 –

날짜	오늘 나의 감정	그 감정이 생긴 이유는 무엇일까?
9.15	흐뭇한, 뿌듯한, 홀가분한, 당당한,	영어 수행평가 말하기가 있었는데 준비한 만큼 발표를 잘해서.
9.20	신경 쓰이는, 거북한, 괴로운,	친한 친구한테 거짓말한 것이 있는데 그 친구가 알게 될까 봐.

제5장

목소리를 낮춰요, 감정조절

1. 분노와 스트레스 상황일 때 뇌와 신체에서 일어나는 반응

• 뇌의 3중 구조

우리 뇌의 구조는 3중 구조로 이루어져 있으며, 뇌간과 대뇌변연계, 대뇌신피질은 서로 협동해서 일하기도 하지만, 각각 독립적인 기능을 담당하고 있습니다.

뇌는 가장 먼저 자신의 생명과 안전을 위해 일합니다. 그래서 누군가 큰소리를 지르거나 공격적인 말, 자존심을 건드리는 행위 등을 하면 위협으로 감지하고 감정뇌가 주도권을 갖게 됩니다. 이때 감정뇌는 대뇌신피질이 주는 이성적이고 현명한 신호들을 무시하거나 차단시켜 버립니다. 공격받았다고 느끼면 자신을 보호하기 위해 감정적으로 행동하고, 말하게 되는 것입니다.

예를 들어 어떤 친구가 나에게 화를 내고, 소리를 지를 때 이성적으로 판단하는 것은 어렵습니다. 상대의 큰 소리가 공격적이라고 느껴지면, 나도 모르게 감정적으로 대응하게 됩니다. 머리로는 이렇게 행동해선 안 된다고 생각이 들어도 마음이 상하게 되면 자신도 모르게 감정적으로 행동하게 되는 것입니다. 이것은 뇌가 자신을 보호하기 위해 그렇게 작동하기 때문입니다.

• 신체의 반응

 누군가가 내게 크게 소리를 지르거나, 내가 크게 소리를 지르게 되었을 때 나의 신체에서는 어떤 반응이 일어날까요?

- 눈: 커집니다.
- 심장박동: 빨라집니다.
- 혈압: 상승하게 됩니다.
- 피부: 수축하게 됩니다.
- 소화: 소화기능이 억제됩니다

우리가 크게 소리를 지르거나 듣게 될 때 대뇌변연계 안에 있는 편도체가 작동함과 동시에 교감신경이 작동하게 됩니다. 이때 교감신경은 우리의 동공을 확장시키고, 심장박동을 빨라지게 하며, 혈압을 상승시킵니다. 또한 피부를 굳게 하고, 소화기능을 억제시킵니다. 교감신경은 우리의 몸을 위험으로부터 보호하려고 활발하게 움직이는 것입니다. 하지만 안전하다고 느껴지면 부교감 신경이 작동하여 평상시의 상태로 회복됩니다.

자율신경의 작용		
교감신경	조직기관	부교감신경
확대 · 돌출	동공 · 안구	축소 · 침몰
소량 · 농축액	타액선	대량 · 희석액
빠르다	심장박동	느리다
수축	피부 · 말초혈관	확장
확장	관상동맥	관상동맥
상승	혈압	저하
확장	기관지	수축
운동억제	소화관운동	운동촉진
분비억제	소화액	분비촉진
글리코겐분해 (혈당상승)	간장	글리코겐합성 (혈당강하)
확장(뇨폐)	방광	수축(배뇨)
수축(닭살)	피부(입모근)	–
♯자율신경은 생체항상성(Homeostasis)에 의해 작동된다.		

• 감정은 조절할 수 있는 것일까?

우리는 주로 분노나 스트레스 상황에서 크게 소리를 지르게 됩니다. 크게 소리를 지르게 되면 다른 사람들은 공격이나 위협적인 행동으로 느낄 수 있음을 알려주시기 바랍니다. 그렇게 되면 앞서 살펴 본 것처럼 이성적인 행동이나 말보다는 감정적인 대응을 하게 되고 교감신경이 작용하게 됩니다.

그러나 뇌의 주인은 바로 자신입니다! 따라서 뇌를 조절하는 방법을 알고 실행하면 감정도 조절할 수 있습니다. 감정 조절방법을 익혀 마음을 진정하고, 큰 소리를 내지 않고도 자신의 의사를 전달할 수 있다는 것을 알려주시기 바랍니다.

2. 감정조절 방법

최근에 자신이 큰소리를 질렀거나 다른 사람이 자신에게 크게 소리를 지른 일이 있는지 떠올려 보고 구체적으로 써보도록 지도해 주시기 바랍니다. 그때의 상황을 떠올려 보고 당시의 감정과 신체적인 반응도 떠올려 보도록 합니다.

- 누가 엄마가

- 언제 어젯밤에

- 어떤 상황이었나요? 내가 동생과 서로 보고 싶은 TV 프로그램을 보겠다고 싸워서 크게 소리를 지르고 혼을 내셨다.

- 그때 기분은 어땠나요? 가슴이 두근거리고 짜증이 났다.

감정을 조절하는 방법에는 깊은 호흡법, STC 훈련, 감정채널 바꾸기 등이 있습니다. 이런 방법들을 익히면 감정뇌와 교감신경이 안정되어 마음이 편안해지고 진정되는 효과가 있습니다. 꾸준히 실천할 수 있도록 지도해 주시기 바랍니다.

1) 깊은 호흡법

가슴에 손을 대고 해 보면 더 큰 진정효과가 있습니다. 감정조절이 필요할 때 깊은 호흡을 하게 되면 뇌가 알파파 상태가 되어 안정화 상태로 전환됩니다. 생활 속에서 습관화할 수 있도록 지도해 주시기 바랍니다.

Tip 복식호흡: 복식호흡을 연습하게 되면 흉식호흡이나 입으로 하는 호흡과 달리 뇌가 빠르게 알파파 상태가 되어 안정 상태로 바뀌게 됩니다. 코로 숨을 들이쉬면서 배를 풍선처럼 부풀리고, 숨을 내쉴 때 배가 들어가는 방법으로 호흡하는 방법입니다.

2) STC 훈련

STC 훈련은 순간적으로 격한 감정이 느껴져서 감정조절이 어려울 때 하면 좋은 방법입니다. 일단 멈추는 것이 중요합니다. 멈추고 심호흡을 하면 생각할 수 있는 여유가 생깁니다. 3초간 생각하면서 긍정적인 선택을 할 수 있도록 지도해 주시기 바랍니다.

3) 감정의 채널 바꾸기 (우울할 때)

감정의 채널 바꾸기는 우울하거나 부정적인 생각이 들 때 사용하면 좋은 방법입니다. 눈을 감고 자신이 좋아하는 물건이나 사람, 상황들을 이미지로 떠올릴 수 있게 합니다. 이때 감정 채널이 제대로 재생되면 입가에 저절로 미소가 지어질 것입니다.

3. 큰소리치지 않고 나의 감정과 원하는 것 표현하기

큰소리를 내지 않고도 자신의 감정과 원하는 것을 표현할 수 있음을 알려줍니다. 소리치지 않고도 자신의 감정과 원하는 것을 표현할 수 있게 충분히 연습하도록 지도해 주시기 바랍니다.

- **상황:** 인터넷 게임을 끝내고 공부를 막 하려고 책상에 앉으려는데, "너 공부 안해?" 하면서 엄마가 잔소리하기 시작했다.
- **나의 느낌과 감정:** 나는 엄마가 나를 믿어주지 않는 것 같아 속상해.
- **원하는 것 표현:** 공부하려고 의자에 막 앉으려는데 엄마가 공부하라고 소리를 지르니까 솔직히 공부하고 싶은 마음이 없어졌어요. 엄마, 저를 좀 믿어주세요.

1. 내가 생각하는 나

✏️ 나를 형용사와 명사를 사용하여 물건이나 꽃, 나무, 동물, 색깔 등으로 표현해 보고 그렇게 생각한 이유를 써 보세요.

예) 나는 어떤 꽃과도 잘 어울리는 안개꽃이다.

　　왜냐하면, 어느 누구에게도 편하게 다가갈 수 있기 때문이다.

〈형용사의 예〉 예쁜, 어울리는, 따뜻한, 멋진, 화려한, 씩씩한, 든든한, 성실한, 편안한,

　　　　　　독특한, 눈에 띄는, 사랑스러운, 빛나는, 조용한, 인기 많은

예) 나는 언제나 푸른 소나무 이다.

　　왜냐하면 변하지 않는 한결같은 마음을 가지고 있기 때문이다.

　　자아는 '내가 생각하는 나'를 말합니다.

　　자신을 어떻게 생각하고 있는지 물건, 동물, 꽃, 나무, 색깔 등과의 비유를 통해 알아봅니다. 그렇게 생각한 이유를 함께 적어야 자신을 어떻게 생각하는지 그 의미를 정확하게 알 수 있습니다.

　　'나는 ~이다'와 같이 명사의 표현보다는 '나는 ~한 ~이다'와 같이 형용사와 명사를 함께 사용하여 표현하게 합니다.

　　예를 들어 '나는 개미다'가 아니라 '나는 언제나 부지런한 개미다.'라고 표현하는 것입니다.

2. 나를 사랑하는 나

과학자들의 연구에 따르면 지구가 탄생해서 멸망할 때까지 나와 똑같은 생물체가 존재할 확률은 $1/10^{422}$로서 나는 이 세상에 단 하나뿐인 존재입니다.

문화유산과 같이 세상에 단 하나 존재하는 것은 그 가치가 대단히 높습니다. 따라서 세상에 단 하나밖에 없는 나에게 스스로 높은 가치를 부여하고 자신을 사랑해야 함을 인식시켜 주시기 바랍니다.

자신을 사랑하는 사람이 다른 사람을 사랑할 수 있습니다. 자신의 장점을 스스로 인정할 수 있어야 다른 사람의 인정도 받아들일 수 있습니다.

자신을 사랑하지 않는 사람은 다양한 상황에서 다른 사람을 탓하기 쉬우며, 관계 형성 능력이 떨어지게 됩니다. 따라서 자신에게 관심을 두고 장점을 인정할 수 있게 도와주시기 바랍니다.

🖍 나를 위한 시상식

내 모습이나 성격, 행동 등을 칭찬하며 나에게 주는 트로피를 만들어 보세요.

예) 잘 웃는 스마일상, 어디서든지 남을 먼저 생각하는 배려상
　　축구를 잘하는 슛돌이상, 옷을 멋지게 입는 패셔니스타상 등등

나에게 주는 트로피

★어디서든지 분위기를 즐겁게 만드는
　분위기 메이커 상

★춤을 잘 추는 댄스짱 상

★언제나 긍정 마인드로 생각하는 긍정왕 상

긍정의 눈으로 자신의 모습이나 성격, 행동 등을 칭찬하며 인정할 수 있도록 시상식을 열어줍니다.

상의 내용을 재미있는 이름으로 표현할 수 있게 격려해 주시기 바랍니다.

자존감이 낮은 학생의 경우, 자신에게 상을 주고 싶은 것이 없다고 하기 쉬운데, 빈칸으로 남겨두지 말고 하나라도 좋은 모습을 찾아낼 수 있도록 부모님께서 함께 해 주시기 바랍니다.

생각하는 방향에 따라 좋은 모습이 되는 것임을 인식시켜 주시기 바랍니다. 예를 들어 '말이 없다'는 것은 '신중하다'고 할 수 있는 것입니다.

3. 난 할 수 있어!

🖉 내가 노력해보지도 않고 못한다고 생각했던 것들이 있나요? 있다면 어떻게 생각을 바꿔야 할까요?

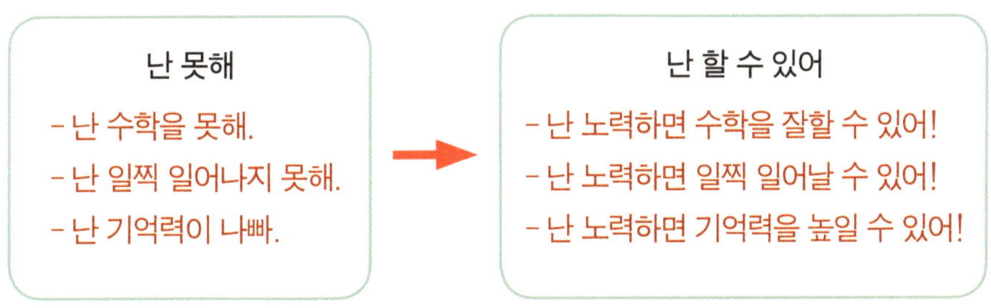

어릴 때부터 발에 채워진 쇠고랑을 끊으려고 했지만, 계속되는 실패 경험 때문에 '난 못한다'고 한계를 지어버리면 어른 코끼리가 되어 쇠고랑을 끊어낼 충분한 힘이 생겨도 여전히 못한다는 생각으로 아무것도 도전하지 못합니다.

이처럼 '난 ~을 못한다'고 스스로 한계를 지으면 더 이상의 노력을 하지 않습니다.

예전의 실패 경험으로 지금도 시도하지 않는 것이 있다면 '할 수 있다'고 격려해 주시기 바랍니다. 노력해보지도 않고 못한다고 생각하는 것을 할 수 있다고 전환하고 잘하기 위한 노력을 할 수 있도록 도와주시기 바랍니다.

내가 지금까지 성공했던 경험들을 적어서 다음 성공 파이를 채워보세요.

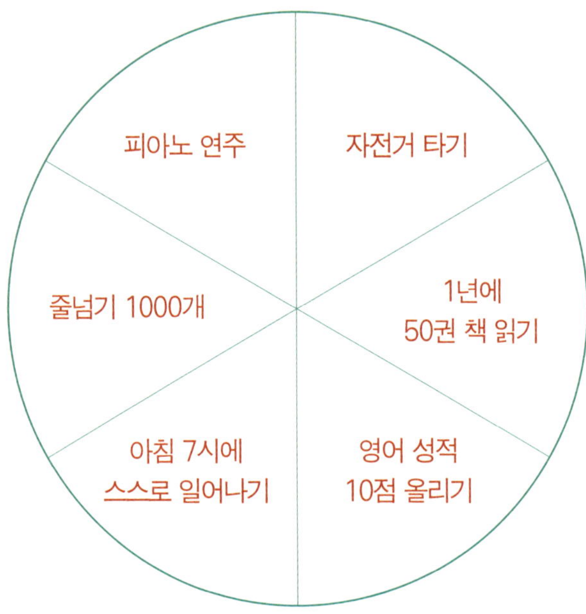

학생들은 '성공'이라고 하면 돈을 많이 벌거나 남에게 인정받는 직업을 얻는 것을 생각하는 경우가 많습니다.

성공에 대한 잘못된 개념을 교정하여 성공은 한자의 뜻대로 공을 들여(노력) 이루는 것임을 이해하고, 자신이 노력하여 이룬 것들을 마음껏 채울 수 있도록 도와주시기 바랍니다. 어렸을 때부터 최근에 이르는 경험까지 생각해보면서 많은 것을 노력해서 이루어 가고 있음을 깨닫게 해주는 것이 중요합니다.

예를 들어, 아가 때 걸음마 배우기, 자전거 타기, 피아노 연주 등 모두 노력해서 배우고 익힌 것입니다.

성공 파이를 채워가는 과정 가운데 칭찬과 인정을 많이 해주시기 바랍니다.

✏️ 앞으로 이루고 싶은 성공 경험을 적어보고 그러한 성공 경험을 하기 위해 필요한 노력이 무엇인지 생각해 보세요.

예) ★이루고 싶은 성공 경험: 체중 3kg 줄이기
　　★필요한 노력: 주 3회 이상 줄넘기 500회 하기

★이루고 싶은 성공 경험: 수학 성적 5점 올리기
★필요한 노력: 매일 1시간 수학 문제 풀기

성공 경험은 스스로 목표를 세우고 그것을 이뤘을 때 느끼는 만족감을 말합니다.

학생이 성공 경험을 하기 위해서 어떤 노력을 해야 할지 생각하게 도와주시기 바랍니다.

성공은 노력했을 때 맛볼 수 있는 것임에도 불구하고 마치 로또복권 당첨되는 것처럼 행운을 기대하는 학생들이 있습니다.

작은 목표를 정한 후에 열심히 노력하여 성공할 수 있게 지도해 주시기 바랍니다.

제7장

세우는 말, 넘어뜨리는 말

《가시 없는 선인장》을 읽고 느낀 점을 나눠보며, 말이 지니는 힘에 대해서도 생각을 나누기 바랍니다.

사람은 감정의 동물이며 감정을 표출할 때 가장 기본적인 것은 말입니다. 말에는 혼자 하는 말보다는 상대와 소통하기 위한 말이 더 많습니다. 이런 말이 가지는 힘은 매우 큽니다.

상대방이나 자신에게 하는 좋은 말은 한마디로 천 냥 빚을 갚을 수도 있고 고래도 춤추게 할 수 있습니다. 하지만 반대의 경우라면 엄청난 손해와 관계 단절 등으로 나타납니다. 아이뿐만 아니라 어른들도 평소 어떤 말을 하는지 점검하는 시간을 가지면 좋겠습니다.

1. 나의 언어생활 점검하기

첨부 자료를 통해 자신의 언어생활을 솔직하게 표현하여 객관적으로 자신의 언어 습관을 살필 수 있도록 합니다. 점수가 높을수록 언어 습관이나 주변 언어 환경이 좋지 않다고 볼 수 있습니다.

2. 욕이 뇌에 미치는 영향

Who am I?

많은 나의 팬들이여, 안녕.

당신들을 망쳐버린 나는 __욕__ 이다.

– 관련 동영상 〈욕, 해도 될까?, 욕의 반격〉, EBS

*'욕의 편지'를 읽고, 빈칸을 채워 보세요.

욕의 특성	중독성, 습관성, 공격성, 내성			
욕의 영향	낮은 어휘력. 지능이 낮아짐. 상처를 주고 화나게 함. 정신적으로 부정적 영향을 끼침.			
나의 욕 사용 빈도수 (해당 칸에 동그라미 표시)	사용 안 함	거의 사용 안 함	가끔 사용	많이 사용

자신의 욕을 사용하는 빈도수를 점검하게 합니다. 정답은 없지만, 대부분의 아이는 자신이 얼마나 자주 쓰는지 자각하는 것으로도 줄일 수 있습니다.

*욕의 어원

우리가 자주 사용하는 욕이 지나치게 선정적이고 비정상적인 성(性)적 이야기가 대부분이며, 차마 듣기 힘든 잔인하고 끔찍한 이야기가 대부분입니다.

특히 여성, 남성을 비하하고 웃음거리로 만들거나 가족을 모욕하는 말이 많습니다.

자신을 소중하게 여기는 사람이라면 이런 단어들로 자신의 가치를 떨어뜨리지 않습니다. 자신뿐만 아니라 내 주변의 사랑하는 사람들을 위해서 욕을 삼가도록 지도 바랍니다.

Tip '씹'은 여성의 성기를 지칭함과 동시에 성교를 의미하며, 근친상간의 의미를 내포합니다. '개'라는 단어가 들어간 욕도 역시 문란한 성교와 근친상간을 뜻한다고 합니다. 그리고 대부분 심한 형벌이나 질병으로 상대방을 저주하는 내용입니다.

– 출처:《어원별곡》, 서정범

*초성으로 생각나는 대로 낱말 만들기

제한 시간을 두고 초성 게임을 하면 재미있는 사실을 발견할 수 있습니다.

실제 제시된 초성을 보면 욕에 노출된 학생들은 바로 욕을 연상하며 웃게 되어 다른 단어들을 생각하지 못합니다. 교실에서는 더 많은 시간을 주어도 서로를 바라보고 웃느라 많은 단어를 생각하지 못합니다.

- ㄴ : 너, 나, 남, 날, 노, 눈 등
- ㅅ ㅂ : 신발, 수박, 산발, 소복, 숙부 등
- ㅂ ㅅ : 버선, 버섯, 박수, 보석, 부수 등
- ㅈ ㄹ : 자랑, 지리, 자라, 자리, 주례 등
- ㅈ ㄴ : 장난, 지네, 재난, 저녁, 진노 등
- ㅁ ㅊ : 마차, 물총, 목청, 목차, 명찰 등

3. 욕이 뇌에 미치는 영향

1) 어휘력 저하

앞서 활동한 '초성으로 생각나는 낱말 만들기'에서 보았듯이 욕이 먼저 생각날 뿐 다른 단어들은 매우 힘겹게 생각했습니다.

욕에 노출된 사람들은 어휘력이 상당히 떨어진다고 합니다.

감정의 강도가 매우 센 욕이 뇌에 너무 강렬한 영향을 주어서 마치 다른 단어는 모두 밀어내는 듯 어휘력도 떨어뜨립니다.

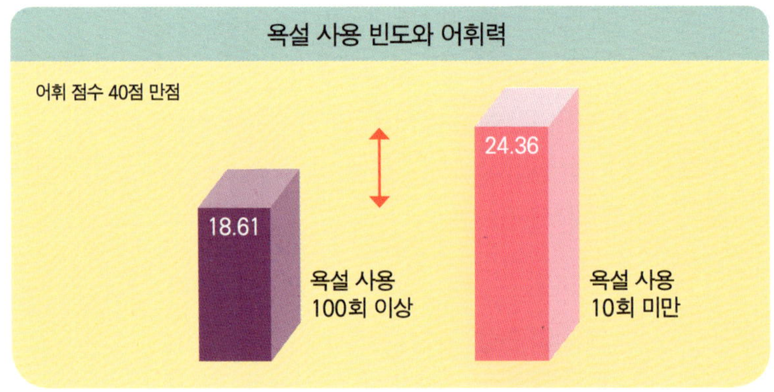

〈실험 디자인: 서울대 심리학과 곽금주 교수 연구팀〉

청소년기 뇌에서는 프루닝(pruning)이라는 가지치기 작업이 일어납니다. 이것은 많이 쓰는 것, 필요한 것을 제외한 나머지 불필요한 것들을 뇌에서 없애버리는 작업입니다. 함축적인 뜻을 포함한 욕을 많이 쓰면 쓸수록 대화에는 그 상황에 맞는 감정을 제대로 표현하는 단어들을 사용하지 않아 점점 어휘력이 낮아지게 되는 것입니다.

– 출처: EBS 다큐프라임, 욕해도 될까요? 1부 – 욕, 뇌를 공격하다

2) 무계획 충동성 증가

폭력적이고 반복적인 욕설은 이성적 판단을 담당하는 전두엽을 위축시킵니다. 전두엽이 위축되면 통제력이 약화되어 마치 지킬 박사가 통제하지 못하는 존재, 즉 하이드가 나오는 것처럼 될 수 있습니다.

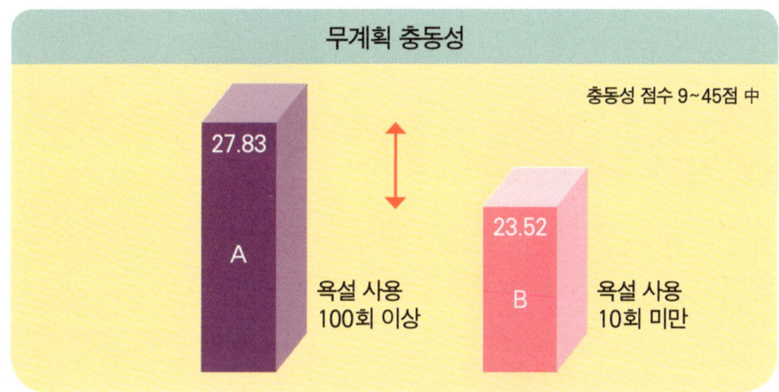

〈실험 디자인: 서울대 심리학과 곽금주 교수 연구팀〉

- 충동적인 말과 행동 증가, 무계획적 행동 증가.
- 감정의 뇌를 자극하여 신체를 더욱 충동적, 공격적으로 변화시킴.

4. 긍정의 말, 부정의 말

• 물은 답을 알고 있다.

에모토 마사루의 저서《물은 답을 알고 있다》에서는 물에게 말을 들려주거나 글

씨를 보여주면 물의 결정이 달라진다고 합니다. 주목해야 할 점은 우리 몸의 70%가 물이라는 사실입니다. 우리 몸을 흐르고 있는 물에는 과연 어떤 말이 흐르고 있을까요?

우리를 건강하게 또는 아프게 하는 것은 어쩌면 우리가 평소에 하는 말이 좌우할지도 모릅니다. 이 사실을 통해 평소 말을 긍정적으로 해야 함을 깨달을 수 있게 해야 합니다.

사랑, 감사

짜증 나

고마워

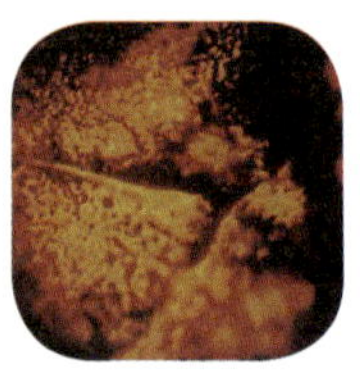

바보야

• 분노의 침전물

정신의학자 엘마 게이츠는 감정 분석 실험에서 매우 놀라운 사실을 발견했다고 합니다. 사람의 숨결을 시험관에 액체 공기로 냉각시키면 침전물이 생깁니다. 이 침전물은 감정의 변화에 따라 여러 가지 색으로 변하는데 화를 내고 있으면 밤색으로 변하고 고통이나 슬픔의 상태에서는 회색, 후회의 상태에서는 복숭아색을 나타낸다는 것입니다. 이 중 밤색으로 변한 분노의 침전물을 모아서 흰쥐에게 주사하면 몇 분 내에 죽는다고 합니다.

이 실험을 통해 정신의학자가 얻은 놀라운 결론은 화를 낼 때 사람의 몸속에서 독소인 노르아드레날린이 생기며, 이 독소는 의학적으로 무서운 독소로서 만약 한 사람이 한 시간 동안 계속해서 화를 내면 80명을 죽일 수 있다는 것입니다.

화가 나서 하는 말은 하는 사람이나 그 말을 듣고 있는 사람 모두에게 치명적이라는 것을 깨달아야 합니다.

• **성공하는 사람들의 언어 습관**

'세 살 버릇 여든까지 간다'는 속담처럼, '열 살 욕 버릇 죽을 때까지 간다'는 말이 생겨났다고 합니다.

길에서 욕을 하며 싸우는 것을 본 적 있나요? 주위 사람들 생각하지 않은 채 마구 큰 소리로 욕을 하는 모습에 매우 불쾌하고, 무섭고 거슬린 적이 있을 것입니다.

욕을 잘하는 어른들의 공통점은 무엇일까요? 어린 시절부터 욕하는 버릇이 몸에 배었다는 것입니다.

성공한 사람들의 습관을 연구한 결과, 그들의 성공 비결은 늘 성공을 부르는 긍정적인 말의 습관에 있음이 밝혀졌습니다.

부정적이거나, 평소 무심코 했던 말들을 긍정적인 말로 바꿔보고, 새로운 긍정적 언어 습관을 갖도록 지도 바랍니다.

일반 사람들	성공한 사람들
이제는 늦었어. 해봐야 별수 없다.	이제부터라도 해보자, 아직 안 늦었어.
실수할까 두려워.	실수하면 어때, 경험이 될 거야.
아, 피곤해.	아, 힘내야겠다. 힘내자.
그저 그래요.	좋습니다. 좋아지고 있죠. 좋은 기회입니다.
재미없는 일이야.	좀 더 재미있게 할 방법을 찾자.
안 될걸? 난 못해.	그래도, 할 수 있어.
예, 예. (건성의 대답)	예, 알겠습니다. 예, 그러겠습니다.

제8장 행복을 키우는 습관, 성실

1. 성실함의 가치

'성실(誠實)하다'는 의미는 참된 마음으로 자기가 맡은 일에 정성을 다해 힘쓴다는 것을 말합니다. 성실은 삶을 살아가는 자세에 있어 중요한 의미를 지닙니다.

매일 자신에게 주어진 일에 최선을 다하는 자세로 살아간다면 매일이 기회가 되는 것입니다. 작은 일에 최선을 다할 때 큰 일을 할 수 있는 기회가 주어지기 때문입니다. 예를 들어, 세계적인 셰프(요리사)를 꿈꾼다 하더라도 처음부터 요리를 할 수 있는 것이 아닙니다. 설거지나 양파 까기 등 허드렛일을 열심히 할 때 셰프가 될 수 있는 기회가 오게 됩니다.

하고 싶은 일을 하기 위해서는 하고 싶지 않은 일도 잘 해내야 합니다.

목표를 세우는 것도 중요하지만, 그것을 이룰 수 있는 힘은 더욱 중요합니다. 성실함이 목표를 이룰 수 있는 근본적인 힘이 되는 것입니다.

결과보다 과정을 즐길 수 있을 때 행복한 삶을 살 수 있습니다.

2. 성실함을 키우는 훈련

2주일 후에 중간고사 기간이라면 이번 주에 내가 해야 할 일과 하고 싶지만 참아야 할 일은 무엇일까요?

해야 할 일	하고 싶지만 참아야 할 일
- 시험대비 학습계획 세우기	- 친구들과 게임하기
- 계획대로 학습하기	- 스마트폰 갖고 놀기
- 규칙적인 수면시간 유지하기	- TV 드라마나 예능 프로그램 보기

✎ 또, 해야 할 일을 우선으로 했을 때와 그렇지 않을 때 어떤 차이가 있을까요?

해야 할 일을 먼저 했을 때	하고 싶은 일을 참지 못하고 먼저 했을 때
- 시간 사용을 효과적으로 할 수 있다. - 시험대비 학습을 계획대로 실행해서 성적을 향상시킬 수 있다.	- 하고 싶은 일을 먼저 하다 보면 해야 할 일에 써야 할 시간이 부족해진다. - 시험대비 학습을 제대로 하지 못해 성적이 떨어질 가능성이 많다.

성실함은 훈련을 통해 키울 수 있습니다. 자신에게 주어진 일에 정성을 다해 힘쓰는 자세를 익히기 위해서는 일의 우선순위를 정하는 것이 중요합니다.

해야 할 일을 먼저 하기 위해서는 하고 싶은 일을 참을 수 있어야 합니다. 지금 하고 싶은 일을 했을 때 얻는 기쁨보다 그것을 참고 해야 할 일을 했을 때 얻는 기쁨이 더 큰 것을 깨닫도록 도와주시기 바랍니다.

하고 싶은 일을 먼저 했을 때보다 해야 할 일을 먼저 했을 때 일의 성취도가 높음을 깨닫는 것이 중요합니다.

예를 들어 과제를 하는 경우, 하고 싶은 일을 미루고 과제를 먼저 할 때 과제의 충실도와 하고 싶은 일을 다 하고 난 후 과제를 했을 때의 충실도는 차이가 납니다. 과제를 했다는 것은 같을지라도 성실함의 차이는 결과로 나타날 수밖에 없습니다.

또한 어떠한 변화를 만들어가기 위해서는 쌓아야 할 노력과 인내의 양이 있습니다. 물이 100℃가 되어야만 끓는 것처럼 그 온도에 이를 때까지 어려움을 참고 견뎌야 물이 끓는 모습을 볼 수 있는 것입니다. 100℃가 될 때까지 버티는 힘이 중요합니다.

3. 성실함의 기초, 습관

습관은 반복하는 과정을 통해서 몸에 익혀지는 행동방식으로서 제2의 천성이라고 말할 만큼 삶에 있어서 큰 영향을 미칩니다.

습관을 만들기 위해서는 오랜 시간 반복하는 과정이 필요한데, 이러한 과정에서 성실함이 키워집니다.

습관의 중요성을 알고 좋은 습관을 만들어야겠다는 마음을 가져야 행동이 변화될 수 있습니다. 학생 스스로 익혀가는 것이므로 자발적 동기를 가져야 합니다.

습관을 만들기 위해서 21일 습관 달력을 활용하면 도움이 됩니다.

먼저 무엇을 언제 어떻게 할 것인지 구체적이고 측정 가능한 행동목표를 세웁니다. 이때 학생에게 너무 무리한 목표를 세우지 않도록 살펴주시기 바랍니다. 무리한 목표를 세워서 실패할 경우, 습관 만들기에 도전하는데 흥미를 잃어버리기 쉽기 때문입니다.

21일 동안 모두 실천하는 것을 목표로 정하기보다 행동목표를 매일 실천하기 위해서 최선을 다해 노력하는 자세가 중요합니다.

매일 행동목표 실천 여부를 습관 달력에 표시하는데, 실천했을 경우 O 표시를 하고 실천하지 못했을 경우에는 ☆ 표시를 하며 실천하지 못한 이유를 함께 적습니다.

실천하지 못한 이유를 적으면서 스스로 반성하고 다음 날에는 실천할 수 있도록 격려해주어야 합니다.

습관 목표를 21일 동안 실천하는 데 성공하면 자신에게 상을 주며 성취감을 맛볼 수 있도록 도와주시기 바랍니다.

21일 습관 달력

습관 목표: 매일 아침 7시에 스스로 일어나기

요일	월	화	수	목	금	토	일
날짜	/	/	/	/	/	/	/
	D-21	D-20	D-19	D-18	D-17	D-16	D-15
날짜	/	/	/	/	/	/	/
	D-14	D-13	D-12	D-11	D-10	D-9	D-8
날짜	/	/	/	/	/	/	/
	D-7	D-6	D-5	D-4	D-3	D-2	D-1

1. 경청의 의미

(기울이다) 경

(듣다) 청

※들을 청자의 한자 풀이를 보면 임금님 같은 귀로 열 개의 눈을 가지고, 한마음이 되어 듣는 것임을 알 수 있습니다. 이렇게 들을 때 우리는 말하는 사람의 의도와 감정을 공감할 수 있다는 것을 학생에게 설명해 주시기 바랍니다.

2. 경청의 4단계

경청에는 단계가 있다고 합니다. 귀로 듣는 단계, 눈으로 듣는 단계, 입으로 듣는 단계, 마음으로 듣는 단계입니다. 1단계 듣기는 단순히 귀에 말이 전달되는 단계입니다. 2단계는 귀로 들으면서 눈으로 말하는 사람의 표정이나 행동 등을 관찰하면서 듣는 것입니다. 3단계는 귀와 눈을 사용해 들으면서 말하는 사람의 말에 맞장구를 쳐주는 것입니다. 그리고 4단계는 적극적 경청으로 앞의 1~3단계와 함께 말하는 사람의 의도까지 유추하며 온 마음을 다해 듣는 것입니다.

3. 마음으로 듣기(적극적 경청) 시 유의점

누군가의 말을 들을 때 우리가 집중하지 못하는 가장 큰 이유는 속으로 비판, 평가, 충고, 조언하려고 하기 때문입니다. 먼저 우리가 해야 할 것은 온전히 말하는 사람의 입장이 되어 그 감정과 의도를 이해하고 수용하는 것입니다. 물론 한 번에 이렇게 되기는 어렵습니다. 그래서 연습과 훈련이 필요합니다. 다음의 문제를 풀어보면서 일상에서도 적용해 보도록 지도해 주시기 바랍니다.

🖊 다음은 경청 시 우리가 상대방을 평가하지 않게 하는 능력을 기르는 문제입니다. 문장을 읽고 평가, 충고, 탐색이 포함된 문장엔 X , 그렇지 않은 문장에는 O표 하세요

평가적 요소가 들어있는 것인지 관찰한 사실만 기록한 것인지 구분해 봅니다. 우리가 상대방을 평가하지 않고, 온전히 경청하기 위해서는 이러한 연습과 훈련을 통해 평가적 요소를 구분하는 것이 필요합니다. 무엇이 평가이고, 무엇이 사실만을 관찰한 것인지 구분하게 되면 경청 시 평가적 요소를 배제하고 들을 수 있는 적극적 경청자가 될 수 있음을 알려주시기 바랍니다.

1) 신지는 아침에 이유도 없이 내게 소리를 질렀다. (X)

이 문장은 평가적인 요소가 들어 있습니다. '이유도 없이'라는 말은 그 사람의 상황이 아닌 나의 입장만을 생각한 것입니다.

2) 현정이는 오늘 아침에 지각해서 선생님께 혼이 났다. (O)

이 문장은 현정이에게 있었던 사실만을 기술한 것이므로 평가적인 요소가 담겨 있지 않습니다.

3) 수현이는 번번이 내 의견을 묻지 않고, 제멋대로 결정한다. (X)

'번번이'와 '제멋대로'라는 말은 상대방을 평가한 문장입니다.

4) 우리 어머니는 **훌륭하신 분이다.** (X)

'훌륭하신'이란 말은 평가적 요소가 담겨 있습니다.

5) 송희는 항상 발표를 잘한다. (X)

'항상'과 '잘'이란 말에는 평가적인 요소가 담겨 있습니다.

6) 동민이는 부정적이다. (X)

'부정적'이란 말에는 평가적인 요소가 담겨 있습니다. '동민이는 실수할까봐 두렵다고 얘기했다.'와 같이 일어난 사실만 이야기해야 합니다.

7) 경주는 나를 무시하고 깔보는 경향이 있다. (X)

'무시한다', '깔보는'이란 말에는 평가적 요소가 담겨 있습니다. '경주는 내가 전화도 두 번 걸고 문자도 보냈지만, 답이 없었다.' 처럼 사실만 얘기해야 합니다.

8) 준호는 더 좋은 학교에 가려고 한다. (X)

'더 좋은'이란 말에는 평가적인 요소가 담겨 있습니다.

9) 인성이는 내게 헤어스타일이 어울리지 않는다고 말했다. (O)

이 문장은 있었던 그대로의 사실만을 말한 것이므로 평가적인 요소가 없습니다.

10) 효리가 그린 그림은 형편없다. (X)

'형편없다'라는 말에는 평가적인 요소가 담겨 있습니다.

4. 경청 게임

친구나 주변 사람과 짝을 정하여 있었던 일을 이야기해 보도록 이끌어줍니다. 점심 시간에 있었던 일이나, 자신이 좋아하는 연예인과 관련된 이야기 등 학생들의 일상 가운데 있었던 일을 교대로 이야기하게 하고, 듣는 사람은 교재에 들은 내용을 기록해 보도록 하는 활동입니다.

이 활동을 할 때 주의할 점은 상대의 이야기를 들으면서 판단하거나, 평가, 충고 등을 하지 않고 경청하도록 지도하는 것입니다.

1.사실 듣기

오늘 아침에 늦게 일어나서 머리 감을 시간도 없이 바빴는데 밥을 먹고 가라는 엄마 말에 짜증을 냈다. 간신히 지각은 면했는데 머리를 못 감아서 찝찝하고, 엄마에게 짜증 내고 나온 것이 계속 마음에 걸린다.

2. 비언어적 메시지 관찰하기 (눈으로 듣기)

손짓을 사용하면서 이야기한다. 엄마에게 짜증을 냈다는 말을 할 때 미안한 표정을 지었다.

3. 감정 듣기

아침에 늦게 일어나서 당황스럽고, 마음이 불안했겠구나.

밥을 먹고 가라는 엄마의 말에 짜증이 났구나. 지각을 안 해서 다행이지만, 머리를 못 감고 와서 불쾌한가 보다. 엄마에게 짜증을 내고 와서 미안한 마음과 후회스러운 마음이 드는구나.

4. 입으로 듣기

중간중간에 '응, 응, 그랬어.' 끄덕끄덕하면서 들었다.

5. 의도 듣기

이렇게 말한 의도는 늦게 일어나서 당황스러웠던 마음과 오늘 머리도 못 감고 온 정황을 알아주었으면 하는 것 같다. 엄마에게 짜증을 내고 온 것 때문에 마음이 불편하고 신경 쓰이는 것을 알아주었으면 하는 것 같다.

✎ 6. 통합해 보기

내 짝 수연이는 아침에 늦게 일어나서 무척 당황스럽고, 지각할까 봐 불안했나 보다. 머리도 못 감고 올 정도로 정신이 없었는데 밥을 먹고 가라고 엄마가 말씀하시자 짜증을 내고 학교에 왔다고 한다. 머리를 못 감고 올 정도로 정신이 없고 당황했던 상황을 알아주길 바라며, 엄마에게 짜증을 내고 나와서 마음이 편하지 않은 것 같다.

✎ 느낀 점

친구가 어떤 마음일지 감정듣기와 이야기를 하는 의도듣기를 해 보니 친구의 입장을 이해할 수 있었다. 예전엔 그냥 듣기만 했는데 앞으로 이 방법을 사용하면 친구의 마음을 더 잘 이해할 수 있을 것 같다.

제10장

관계를 키우는 **힘, 칭찬**

1. 칭찬 사례 적어보기

　부모님, 선생님, 친구에게 들었거나 했던 칭찬을 쓰게 합니다. 의외로 들었던 칭찬이 없다고 하는 아이들이 많이 있습니다. 부모님이 옆에서 '이런 칭찬해 준 적 있잖아!'라며 억지로 쓰게 하지 마시고 스스로 생각나는 것이 있는지 생각할 시간을 주시기 바랍니다. 부모님이 칭찬했어도 아이의 입장에서 칭찬으로 생각하지 못했다면 그 이유를 부모님이 곰곰이 생각해 보셔야 합니다.

★부모님: 잘했어! 역시 넌 내 딸(아들)이야.
　　　　　착하다.

★선생님: 수학에 소질이 있는 것 같아, 잘했어.
　　　　　노래를 잘하네, 가수 해도 되겠어.
　　　　　정말 성실하구나.

★친구: 네가 내 친구라서 너무 좋아.

★칭찬을 하면 좋은 점: – 칭찬을 하고 나면 기분이 좋아진다.
　　　　　　　　　　　– 마음이 뿌듯하다. 행복해진다.
　　　　　　　　　　　– 내가 괜찮은 사람 같은 생각이 든다.
　　　　　　　　　　　– 상대방의 좋은 점을 찾게 된다.
　　　　　　　　　　　– 내가 칭찬을 하면 상대방도 나에게 칭찬을 해준다.

　'칭찬은 고래도 춤을 추게 한다'는 유명한 말이 있듯이 칭찬에는 엄청난 힘이 숨어 있습니다.

칭찬의 효과를 이야기하면서 자녀와 서로 칭찬 한마디를 나눠 보시기 바랍니다. 어색하지만 자꾸 반복해서 칭찬하다 보면 서로의 장점을 찾게 되고 좋은 면을 보게 된다는 것을 자녀들이 느끼게 하는 시간이 될 것입니다.

2. 올바른 칭찬의 방법

자녀에게 눈에 보이는 것부터 시작하여 당연하다고 느꼈던 것들 그리고 작은 것부터 칭찬할 수 있도록 하고 다른 사람을 칭찬하는 것이 어색하다면 자기 자신부터 칭찬할 수 있게 도와주시기 바랍니다.

✎ 위의 방법으로 주변의 한 사람에 대해 칭찬해 보세요. 이때 자기 자신을 스스로 칭찬해보게 하는 것도 좋습니다.

대상	칭찬하기
엄마	1. 콩나물국이 간이 딱 맞고 너무 시원해, 엄마가 해준 음식은 정말 맛있어요. 2. 내가 엄마 아들로 태어난 게 너무 행복해요. 3. 엄마, 새로 한 헤어스타일이 얼굴형과 정말 잘 어울리고 예뻐요.

✎ 내가 듣고 싶은 칭찬의 말

- 정말 열심히 했구나.

- 수고했어.

- 니가 내 아들(딸)이어서 정말 행복해!

- 넌 참 좋은 친구야.

- 나를 인정해 주는 말, 믿어 주는 말 등 (잘해낼 줄 알았어, 넌 할 수 있어 등)

3. 잘못된 칭찬

잘못된 칭찬은 오히려 역효과를 가져올 수 있다는 것을 설명해 주시기 바랍니다.

4. 칭찬의 습관화

• 매일 매일 칭찬일기 쓰기

매일 누구에게 어떤 칭찬을 했는지 기록하게 합니다. 만약 칭찬하지 못했다면 자기 자신을 칭찬할 수 있게 도와주시기 바랍니다. 자신을 칭찬하고 인정할 줄 알아야 타인을 올바르게 칭찬할 수 있습니다.

날짜	누구에게	어떤 말로 칭찬했나요?
9.20	동생	혜진아, 오늘은 옷을 정말 잘 입었다. 색깔이 잘 어울려.
9.21	엄마	오늘 해 주신 계란말이가 정말 맛있어요. 엄마의 계란말이는 그 누가 한 것보다 맛있어요.
9.22	나	오늘 친구가 기분 나쁜 말을 했는데 화내지 않고 내 마음을 잘 설명한 것. 정말 잘했어.

두런두런
인성
포트폴리오

참 사람다움의 회복, 두런두런 인성 포트폴리오

인재라면 반드시 꼭 갖추어야 하는 것, 그것은 무엇일까요?

누군가는 리더십을, 누군가는 창의력 혹은 도전정신, 문제해결력 등이 있어야 한다고 이야기 할 것입니다. 하지만 이 모든 것을 다 가지고 있다 해도 '인성'이 부족한 사람은 결코 인재가 될 수 없습니다! 인성이 갖추어지지 않은 리더십, 창의적 아이디어 등은 우리사회를, 더 나아가서는 인류까지도 위험에 빠뜨릴 수 있기 때문입니다. 즉, 인성이야 말로 인재가 꼭 겸비해야 할 실력입니다.

하지만 우리의 현실은 성적위주의 입시중심 교육으로 인성교육은 뒷전으로 밀려나고, 인터넷과 스마트폰 등 통신기기의 발달과 중독으로 인해 사람간의 소통이 소원해지면서 개인주의적 성향이 심화되고 있습니다. 이로 인해 학교 폭력 문제가 빈번해지고 극단적인 상황을 야기 시키는 등 인성교육이 심각한 위기에 놓여있습니다. 뿐만 아니라 우리사회에 불행을 가져왔던 크고 작은 사건들의 원인을 살펴보면 다름 아닌 인성의 부재였음을 알 수 있습니다.

지금은 인성의 회복이 절실한 때입니다. 특히 나라의 인재가 되어 미래의 주인공이 될 여러분은 올바른 인성을 기반으로 학습능력을 키우고, 자신의 적성을 계발해가야 합니다. 하지만 긍정적인 의도로 시작한 인성교육도 그 의미와 교육 방법이 적절하지 않을 경우 자칫 지루한 수업이나 시험과목의 추가 정도로 여겨질 수 있습니다. 그러나 인성이란 열심히 암기하고 좋은 점수로 시험을 통과한다고 해서 얻어지는 것이 아니라 생활 속의 실천을 통해서만 습관화 할 수 있는 것입니다.

참 사람다움을 회복하라!

인성의 사전적인 정의는 사람의 성품이며, 각 개인이 가지는 사고와 태도 및 행동 특성입니다. "사람이 사람 같아야 사람이지, 사람이면 다 사람인가?" 등의 말을 들으면 공통적으로 사람에게는 누구나 기대하는 어떤 것이 있다는 것을 알 수 있습니다. 우리는 사람에게 기대하는 그 어떤 것을 '참 사람다움(Humanity)'이라고 정의 했습니다. 사람에게는 태초부터 가지고 있던 순수한 본질이 있습니다. 그러나 우리는 이 순수한 본질을 환경에 적응해 오면서 잃어버리게 된 것입니다.

옛 성현 중의 한 사람인 맹자도 "사람의 본성은 본래 선하다."라고 하며 "사랑[인(仁)]은 사람의 마음이다."라고 하였습니다. 이처럼 사람은 선한 본성과 사랑을 가진 존재입니다.

하지만 혼자가 아닌 더불어 살아가야하는 존재이므로 서로 부대끼기도 하고 이해관계와 갈등이 생기는 것입니다. 이러한 문제를 해결하기 위해서는 서로의 차이와 다름을 다양성과 개성으로 인정하고 존중해야 합니다. 즉, 참 사람다움, 우리의 인간다움을 회복해야 합니다! 참 사람다움을 회복하게 되면 자신과 타인을 가치 있는 존재로서 인식하게 되고 더불어 살아가는 것이 행복하고 즐거워집니다. 그리고 '참 사람다움은' 교육으로 훈련되기 전에 먼저 회복하고 찾아 가야 하는 것입니다.

"저 사람은 정말 됨됨이가 됐어." 이런 말을 들으면 사람의 인성을 눈으로도 확인 할 수 있다는 생각이 듭니다. 도대체 무엇을 보고 그 사람의 인성을 알 수 있을까요? 한 사람의 인성, 즉 사람됨은 그의 말과 행동으로 나타납니다. 내면의 마음가짐과 생각이 외면의 말과 행동으로 드러나는 것입니다.

참 사람다움의 시작, 정서지능(Emotional Intelligence: EQ)을 키워라!

참 사람다움의 시작은 정서지능을 키우는 것에서 출발합니다. 경쟁의 시대였던 20세기를 지나 우리는 협동과 공존의 21세기에 살고 있습니다. 혼자 똑똑하고 남보다 앞서가기보다는 서로 협력하여 함께 나아가는 공동체 시대인 것입니다. 정서지능은 이러한 융합시대의 키워드입니다.

정서지능이란 자신과 타인의 감정을 인식하고 표현하며, 자신과 타인의 감정을 효과적으로 조절할 줄 아는 능력, 그리고 자신의 생각과 행동을 결정함에 있어서 감정을 적절하게 활용하는 능력입니다. 다시 말해 자신을 제어하고 동기를 부여하며 어려움을 극복할 수 있는 '마음의 힘'입니다.

정서지능은 인간만이 가지고 있는 이성적인 능력인 사고능력, 즉 기억력, 계산력, 추리력 등을 발휘하게 하거나 또는 그러한 능력을 억압하고 제한하기도 하는 중요한 역할을 합니다. 우리의 잠재력을 발휘할 수 있는 힘이 되는 것입니다.

뿐만 아니라 다른 사람과의 관계형성에 있어 '마음을 얻는 힘'이라고 할 수 있는데, 대인관계능력은 사회적으로 행복하고 성공적인 삶을 살아가기 위한 필수요건입니다.

<정서지능의 구성요소>

구성요소	내용
정서인식능력	• 자신과 타인이 느끼는 감정을 빨리 인식하고 정확하게 파악하는 능력 • 자신의 감정이 발생하는 이유를 이해하는 능력
정서관리 조절능력	• 자신이 느끼는 감정을 억누르거나 과장하여 표현하지 않고, 타인이나 상황을 고려하여 적절하게 표현할 줄 아는 능력 • 공격적인 행동과 자기 파괴적인 행동을 절제하는 능력 • 자신과 타인의 감정을 효과적으로 조절할 수 있는 능력

정서활용능력	• 자신의 감정을 생산적인 활동으로 이끌어내는 능력 • 자기 자신에게 동기를 부여하는 능력 • 충동적인 행동을 억제하고, 보상을 지연시켜서 목표에 달성할 수 있는 자기통제력
감정이입능력	• 타인의 감정을 마치 자신의 것처럼 느낄 수 있는 능력 • 타인의 말에 귀를 기울이는 능력 • 타인의 감정을 읽을 줄 아는 능력
대인관계능력	• 대인관계를 분석하고 이해하는 능력 • 의견이 상충될 때 갈등을 해결하는 능력 • 보다 능동적이고 적극적으로 의사소통을 하는 능력 • 타인과 사교적인 관계를 맺는 능력

이제 따뜻한 감정과 사랑을 느끼고 나눌 수 있는 사람, 자기의 감정을 이해하고 충동과 욕망을 스스로 조절하며 자신의 일에 몰입할 수 있는 사람으로 성장할 수 있도록 노력해야 합니다.

다른 사람의 감정을 공감하며 소통할 때 아름다운 관계를 형성하고 유지할 수 있습니다. 이것은 우리가 행복한 삶을 살기 위해 꼭 필요한 것입니다.

실천하는 인성교육

인성은 주입식으로 전달한다고 해서 키워지는 것이 아니며, 혼자서 도를 닦거나 공부를 한다고 해서 키울 수 있는 것도 아닙니다. 철로 철을 단련하는 것처럼 타인과 함께 소통하고 공감하면서 자신이 가진 본연의 참 사람다움을 회복하게 되며, 생활 속의 실천으로 우리 몸에 익혀가는 것입니다.

〈두런두런 인성 포트폴리오〉는 '실천하는 인성교육'으로서 소소한 일상의 구체적인 실천을 통해 인성역량을 키워갈 수 있도록 구성하였습니다. 인성 포트폴리오와 인성카드는 인성을 습관화하고 익히기에 더할 나위 없이 탁월한 실천교육 도구입니다. 자신의 내면을 가꾸고 상황과 처지를 고려하여 적절하게 표현하는 방법을 실천하면서 더불어 함께하는 관계의 힘도 키울 수 있습니다.

성장과 회복

'참 사람다움'은 정서지능을 키우는 데서부터 출발하며 소중한 가치와 경험을 나누고 실천하면서 성장하고 회복되어 가는 것입니다. 나의 개성도 살리면서 타인과의 소통과 성장을 도모하는 〈두런두런 인성포트폴리오〉와 함께 참 사람다움을 찾아 여행을 떠나봅시다. 우리의 작은 실천이 살아있는 지식이 되어 인성역량을 키워줄 것입니다.

〈두런두런 인성포트 폴리오〉와 함께 자신의 참 사람다움을 회복해 보세요!
여러분을 통해 이 세상이 점점 더 아름다워 질 것입니다.

-한국융합인재교육원 연구진 일동
김경미 · 류경신 · 이강석 · 이남현 · 이성옥(가나다 순)

인성 덕목의 사전적 정의

정직 : 마음에 거짓이나 꾸밈이 없이 바르고 곧음.

존중 : 높이어 귀중하게 대함.

인내 : 괴로움이나 어려움을 참고 견딤.

도전 : 정면으로 맞서 싸움을 걺.

용기 : 씩씩하고 굳센 기운. 또는 사물을 겁내지 아니하는 기개.

자기조절 : 자기 자신을 균형에 맞게 바로잡음. 또는 적당하게 맞추어 나감.

성실 : 정성스럽고 참됨.

믿음 : 어떤 사실이나 사람을 믿는 마음.

책임 : 맡아서 해야 할 임무나 의무.

나눔 : 하나를 둘 이상으로 가르는 것.

용서 : 지은 죄나 잘못한 일에 대하여 꾸짖거나 벌하지 아니하고 덮어 줌.

감사 : 고마움을 나타내는 인사.

협동 : 서로 마음과 힘을 하나로 합함.

공감 : 남의 감정, 의견, 주장 따위에 대하여 자기도 그렇다고 느낌. 또는 그렇게 느끼는 기분.

경청 : 귀를 기울여 들음.

예의 : 존경의 뜻을 표하기 위하여 예로써 나타내는 말투나 몸가짐.

배려 : 도와주거나 보살펴 주려고 마음을 씀.

소통 : 막히지 아니하고 잘 통함.

약속 : 다른 사람과 앞으로의 일을 어떻게 할 것인가를 미리 정하여 둠. 또는 그렇게 정한 내용.

효 : 어버이를 잘 섬기는 일.

두런두런 인성 포트폴리오 활용법

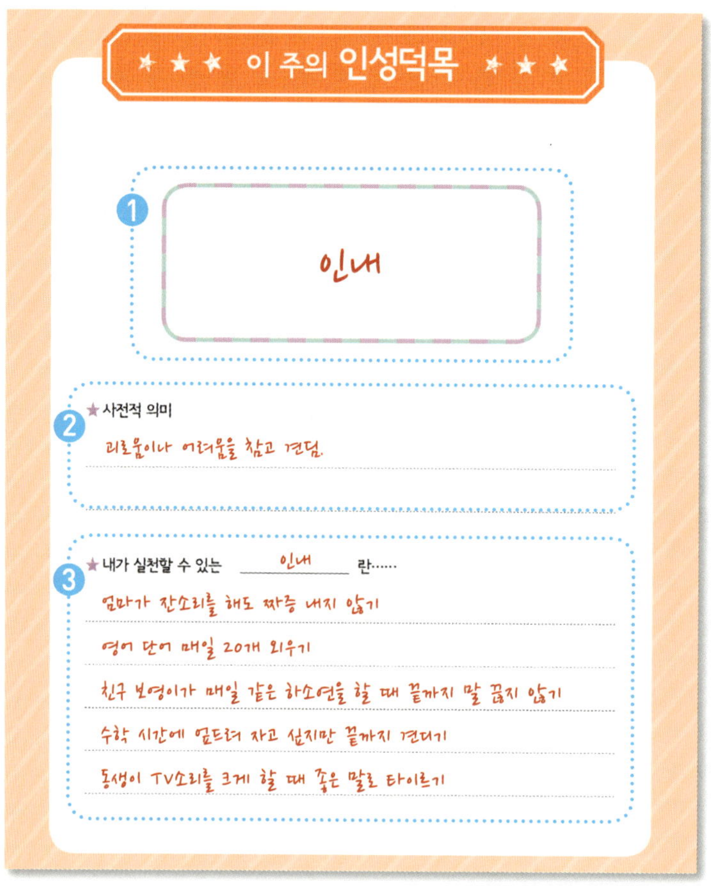

① –일주일 동안 실천할 인성 덕목 카드 한 장을 무작위로 선택합니다.

　–선택한 카드의 덕목을 작성합니다.

② –선택한 덕목의 사전적 의미를 작성합니다.

③ –선택한 인성 덕목을 실천할 수 있는 나만의 방법을 생각하여 작성합니다.

　–되도록이면 많은 방법을 생각해 보고 실천에 옮겨 보는 것이 좋습니다.

　–대상에 따라 내가 실천할 수 있는 방법이 다를 수 있으니 대상별로 적용할 수 있는 방법을 생각해 보세요.

두런두런 인성 포트폴리오 활용법

❶ –실천한 날짜와 요일을 기록합니다.

❷ –오늘 실천할 인성덕목은 누구를 대상으로 하는지 그 실천내용은 무엇인지 작성합니다.

–나의 행동을 본 상대방의 반응과 인성덕목을 실천하고 난 후의 느낀 점을 작성합니다.

❸ –하루 중에 기억에 남는 감정을 씁니다. 나의 감정이 어떤 감정인지 인성카드의 감정단어카드를 보고 작성하도록 합니다.

–오늘 느꼈던 감정이 일어났을 때 들었던 생각이나 했던 행동을 기록합니다.

❹ –하루 중에 기억에 남는 나의 감정을 표현할 수 있는 이미지를 인성카드의 이미지카드 중에서 하나를 선택하고 간략히 설명합니다.

–그 이미지를 선택한 이유를 적어봅니다.

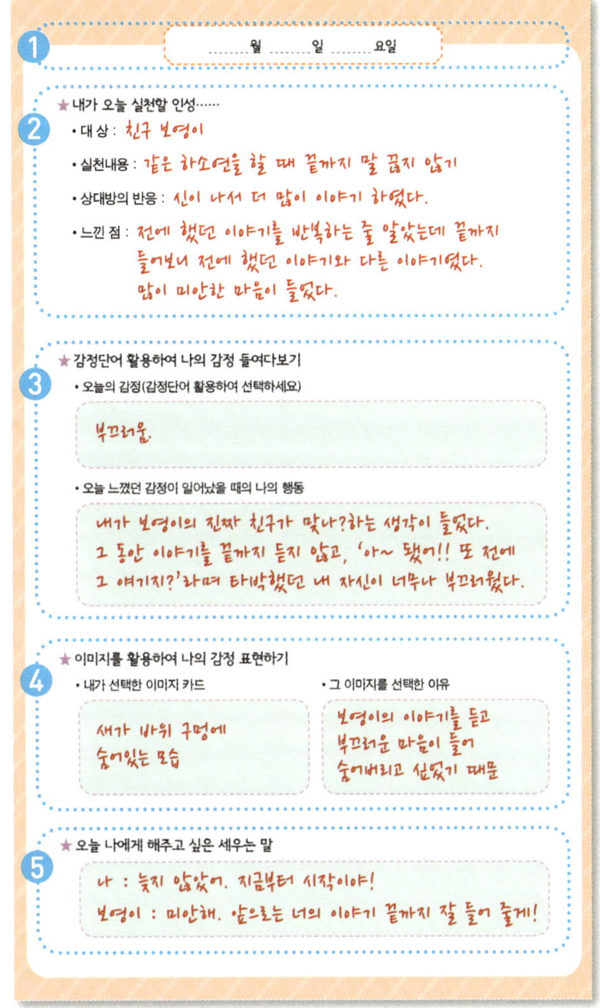

❺ – 오늘 나 자신이나 상대방에게 해주고 싶은 말을 인성카드의 세우는 말 카드 중에서 적당한 말을 선택하여 기록합니다.

–인성카드의 세우는 말 카드에 없는 말을 작성해도 좋습니다.

※ 나의 감정을 표현하는 것(③번과 ④번)은 두 가지 중 한 가지만 작성해도 됩니다.

두런두런 인성 포트폴리오 활용법

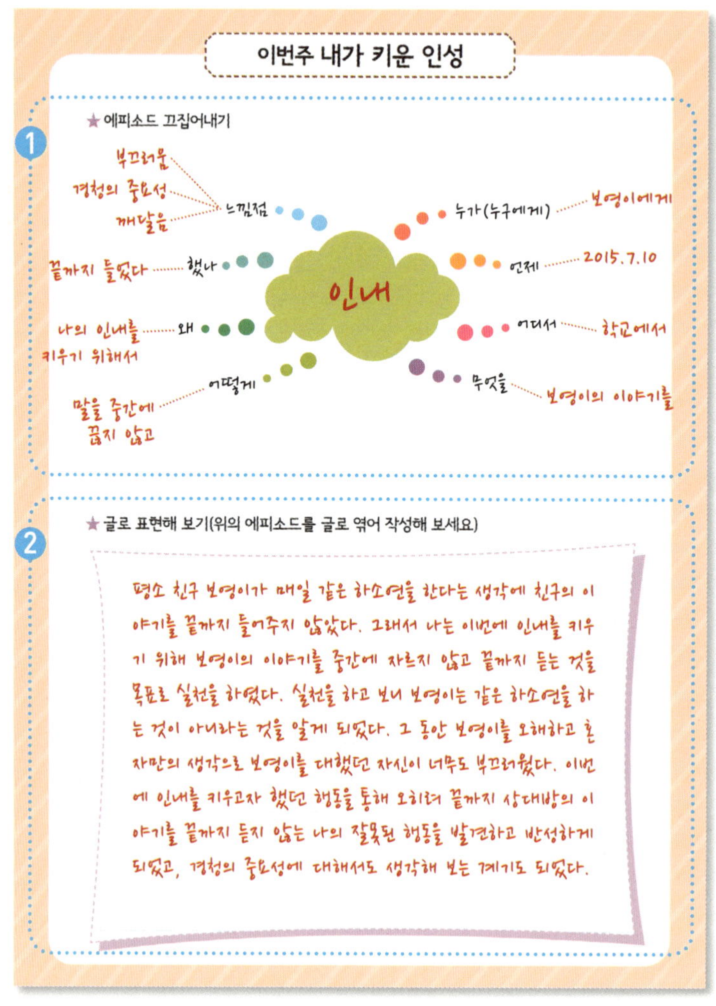

① – 일주일 동안 실천했던 내용 중에서 하나의 에피소드를 정합니다.

　– 마지막에 실천을 하면서 느낀 점을 간략히 정리합니다.

② – 위의 에피소드를 글로 엮어 보세요. 경험을 통해 나의 인성역량이 자라는 것을 느낄 수 있습니다.

두런두런 인성 포트폴리오 활용법

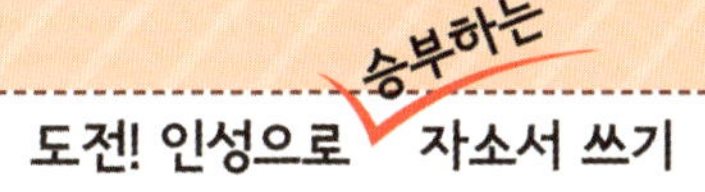

정직	존중	인내	도전	용기	자기조절	성실	믿음	책임	나눔
용서	감사	협동	공감	경청	예의	배려	소통	약속	효

★ 인성포트폴리오를 통해서 자신이 성장했다고 생각되는 것을 하나 선택하여 자기소개
서를 써 보세요.

- 주제 찾기 : 동아리 활동을 통해 깨달은 값진 도전 이야기

- 얼개 짜기

S (Situation/상황)	봉사 동아리에서 OO고아원 후원을 위해 지역사회(재래시장, 상가 등)의 후원금과 후원물품을 모아야 하는 상황
T (Task/과제)	동아리 회원 7명이 각자 지역을 맡아 방문하여 취지를 설명하고 후원금 또는 후원물품 지원받기(낯선 사람에게 말을 잘 못하는 성격이라 방문하는 것 자체가 나에게는 도전이다.)
A (Action/행동)	가게에 들어가기 전에 심호흡을 하고, 나 자신에게 할 수 있다는 말을 세 번 되뇌이고 나서, 비교적 한가한 시간을 선택하여 미리 준비한 자료를 토대로 해야 할 말들을 큰 소리로 설명하기
R (Result/결과)	방문한 여섯 군데 중에 두 군데 가게에서 후원을 약속 받음. 새로운 도전을 통해 할 수 있다는 자신감을 얻음

★ 스토리 정리하기

"나는 할 수 있다, 할 수 있다!!" 얼마 전 나는 동아리 활동을 하면서 새로운 도전을 통해 할 수 있다는 자신감을 얻었다. 낯을 많이 가려서 낯선 사람에게 말을 먼저 거는 것이 어려웠던 나는 봉사동아리 활동에서 이것을 극복하게 된 것이다. 봉사동아리에서 OO고아원을 돕기 위한 후원금을 모으기로 결정하고 이웃 주민들과 함께하는 후원행사를 진행하기로 하였다. 그 전에는 이런 행사를 하면 뒤에서 총무역할을 주로 했었으나 이번에는 나에게 부족한 '도전정신'을 키우고자 재래시장으로 직접 가서 후원금을 모아 보기로 하였다. 시장에 가기 전에 먼저 OO고아원의 현재 상황에 대해 한 눈에 알 수 있는 자료를 준비하고, 어떤 말을 어떻게 해야 할지 미리 적어 열심히 외우며 준비하였다.

가게를 들어가기 전부터 심장은 터질 듯이 쿵쾅대고 마구 떨려서 눈 앞이 아득해졌으나 크게 심호흡을 하고 나서 나 자신에게 '나도 할 수 있다. 할 수 있다. 할 수 있다'라며 마음을 가다듬었다. 사장님께 용기를 내어 방문하게 된 취지를 설명해 드리고 떨리지만 열심히 준비한 내용을 설명 드렸더니 웃으며 내 이야기를 경청해주셨다. 무사히 설명을 마친 후에 사장님의 후원을 약속 받고 나오는데 가슴이 터질 듯이 기뻤다. 무엇보다 내 자신의 한계를 뛰어 넘었다는 것이 무척이나 행복했다. 이렇게 방문한 여섯 군데 중에 두 군데에서 후원해 주시겠다는 약속을 받았다. 다른 사람을 돕기 위해 시작했던 작은 실천이 오히려 나의 약점을 극복하고 성장할 수 있었던 계기가 되었다. 앞으로 어려움에 부딪힐 때마다 피하기보다는 할 수 있다는 마음을 가지고 도전해야겠다

★ 사전적 의미

★ 내가 실천할 수 있는 ＿＿＿＿＿＿ 란……

★ 내가 오늘 실천할 인성……

  • 대 상 :

  • 실천내용 :

  • 상대방의 반응 :

  • 느낀 점 :

★ 감정단어 활용하여 나의 감정 들여다보기

  • 오늘의 감정(감정단어 활용하여 선택하세요)

  • 오늘 느꼈던 감정이 일어났을 때의 나의 행동

★ 이미지를 활용하여 나의 감정 표현하기

  • 내가 선택한 이미지 카드   • 그 이미지를 선택한 이유

★ 오늘 나에게 해주고 싶은 세우는 말

★ 내가 오늘 실천할 인성……

  • 대 상 :

  • 실천내용 :

  • 상대방의 반응 :

  • 느낀 점 :

★ 감정단어 활용하여 나의 감정 들여다보기

  • 오늘의 감정(감정단어 활용하여 선택하세요)

  • 오늘 느꼈던 감정이 일어났을 때의 나의 행동

★ 이미지를 활용하여 나의 감정 표현하기

  • 내가 선택한 이미지 카드   • 그 이미지를 선택한 이유

★ 오늘 나에게 해주고 싶은 세우는 말

★ **내가 오늘 실천할 인성……**

- 대 상 :

- 실천내용 :

- 상대방의 반응 :

- 느낀 점 :

★ **감정단어 활용하여 나의 감정 들여다보기**

- 오늘의 감정(감정단어 활용하여 선택하세요)

- 오늘 느꼈던 감정이 일어났을 때의 나의 행동

★ **이미지를 활용하여 나의 감정 표현하기**

- 내가 선택한 이미지 카드

- 그 이미지를 선택한 이유

★ **오늘 나에게 해주고 싶은 세우는 말**

★ 내가 오늘 실천할 인성……

- 대 상 :

- 실천내용 :

- 상대방의 반응 :

- 느낀 점 :

★ 감정단어 활용하여 나의 감정 들여다보기

- 오늘의 감정(감정단어 활용하여 선택하세요)

- 오늘 느꼈던 감정이 일어났을 때의 나의 행동

★ 이미지를 활용하여 나의 감정 표현하기

- 내가 선택한 이미지 카드

- 그 이미지를 선택한 이유

★ 오늘 나에게 해주고 싶은 세우는 말

★ 내가 오늘 실천할 인성……

- 대 상 :

- 실천내용 :

- 상대방의 반응 :

- 느낀 점 :

★ 감정단어 활용하여 나의 감정 들여다보기

- 오늘의 감정(감정단어 활용하여 선택하세요)

- 오늘 느꼈던 감정이 일어났을 때의 나의 행동

★ 이미지를 활용하여 나의 감정 표현하기

- 내가 선택한 이미지 카드

- 그 이미지를 선택한 이유

★ 오늘 나에게 해주고 싶은 세우는 말

★ 내가 오늘 실천할 인성……

　　• 대 상 :

　　• 실천내용 :

　　• 상대방의 반응 :

　　• 느낀 점 :

★ 감정단어 활용하여 나의 감정 들여다보기

　　• 오늘의 감정(감정단어 활용하여 선택하세요)

　　• 오늘 느꼈던 감정이 일어났을 때의 나의 행동

★ 이미지를 활용하여 나의 감정 표현하기

　　• 내가 선택한 이미지 카드　　　　　　• 그 이미지를 선택한 이유

★ 오늘 나에게 해주고 싶은 세우는 말

★ 내가 오늘 실천할 인성……

　• 대 상 :

　• 실천내용 :

　• 상대방의 반응 :

　• 느낀 점 :

★ 감정단어 활용하여 나의 감정 들여다보기

　• 오늘의 감정(감정단어 활용하여 선택하세요)

　• 오늘 느꼈던 감정이 일어났을 때의 나의 행동

★ 이미지를 활용하여 나의 감정 표현하기

　• 내가 선택한 이미지 카드　　　　　　　• 그 이미지를 선택한 이유

★ 오늘 나에게 해주고 싶은 세우는 말

★ 에피소드 끄집어내기

★ 글로 표현해 보기(위의 에피소드를 글로 엮어 작성해 보세요)

➡️ **카드로 시(詩)쓰기**(두런두런 인성이야기의 1장, 인성이 실력이다)

- **방법**
  ① '함께 있으면 좋은 사람' 용혜원 님의 시를 제시합니다.
  ② '자신이 되고 싶은 좋은 사람'을 표현할 수 있는 카드를 선택합니다.
  ③ 서로 멋진 시 (詩)를 적고 돌아가며 발표합니다.

함께 있으면 좋은 사람 - 용혜원

그대를 만나던 날
느낌이 참 좋았습니다
착한 눈빛, 해맑은 웃음
한 마디, 한 마디의 말에도
따뜻한 배려가 담겨 있어
잠시 동안 함께 있었는데
오래 사귄 친구처럼
마음이 편안했습니다.

그대는 때로는 평온하고
때로는 열정적인 모습이
좋습니다.
친구들에게 기꺼이
최고라고 칭찬해주기도 하고
외로운 친구에게 혼자가
아니라며 함께 해주는
참 좋은 사람입니다.

★ 사전적 의미

★ 내가 실천할 수 있는 _______________ 란……

★ 내가 오늘 실천할 인성……

- 대 상 :

- 실천내용 :

- 상대방의 반응 :

- 느낀 점 :

★ 감정단어 활용하여 나의 감정 들여다보기

- 오늘의 감정(감정단어 활용하여 선택하세요)

- 오늘 느꼈던 감정이 일어났을 때의 나의 행동

★ 이미지를 활용하여 나의 감정 표현하기

- 내가 선택한 이미지 카드

- 그 이미지를 선택한 이유

★ 오늘 나에게 해주고 싶은 세우는 말

________월 ________일 ________요일

★ 내가 오늘 실천할 인성……

- 대 상 :

- 실천내용 :

- 상대방의 반응 :

- 느낀 점 :

★ 감정단어 활용하여 나의 감정 들여다보기

- 오늘의 감정(감정단어 활용하여 선택하세요)

- 오늘 느꼈던 감정이 일어났을 때의 나의 행동

★ 이미지를 활용하여 나의 감정 표현하기

- 내가 선택한 이미지 카드

- 그 이미지를 선택한 이유

★ 오늘 나에게 해주고 싶은 세우는 말

_______ 월 _______ 일 _______ 요일

★ 내가 오늘 실천할 인성……

- 대 상 :

- 실천내용 :

- 상대방의 반응 :

- 느낀 점 :

★ 감정단어 활용하여 나의 감정 들여다보기

- 오늘의 감정(감정단어 활용하여 선택하세요)

- 오늘 느꼈던 감정이 일어났을 때의 나의 행동

★ 이미지를 활용하여 나의 감정 표현하기

- 내가 선택한 이미지 카드

- 그 이미지를 선택한 이유

★ 오늘 나에게 해주고 싶은 세우는 말

★ **내가 오늘 실천할 인성……**

　• 대 상 :

　• 실천내용 :

　• 상대방의 반응 :

　• 느낀 점 :

★ **감정단어 활용하여 나의 감정 들여다보기**

　• 오늘의 감정(감정단어 활용하여 선택하세요)

　• 오늘 느꼈던 감정이 일어났을 때의 나의 행동

★ **이미지를 활용하여 나의 감정 표현하기**

　• 내가 선택한 이미지 카드　　　　　　　• 그 이미지를 선택한 이유

★ **오늘 나에게 해주고 싶은 세우는 말**

★ 내가 오늘 실천할 인성……

- 대 상 :

- 실천내용 :

- 상대방의 반응 :

- 느낀 점 :

★ 감정단어 활용하여 나의 감정 들여다보기

- 오늘의 감정(감정단어 활용하여 선택하세요)

- 오늘 느꼈던 감정이 일어났을 때의 나의 행동

★ 이미지를 활용하여 나의 감정 표현하기

- 내가 선택한 이미지 카드

- 그 이미지를 선택한 이유

★ 오늘 나에게 해주고 싶은 세우는 말

★ 내가 오늘 실천할 인성……

- 대 상 :

- 실천내용 :

- 상대방의 반응 :

- 느낀 점 :

★ 감정단어 활용하여 나의 감정 들여다보기

- 오늘의 감정(감정단어 활용하여 선택하세요)

- 오늘 느꼈던 감정이 일어났을 때의 나의 행동

★ 이미지를 활용하여 나의 감정 표현하기

- 내가 선택한 이미지 카드

- 그 이미지를 선택한 이유

★ 오늘 나에게 해주고 싶은 세우는 말

★ 내가 오늘 실천할 인성······

- 대 상 :

- 실천내용 :

- 상대방의 반응 :

- 느낀 점 :

★ 감정단어 활용하여 나의 감정 들여다보기

- 오늘의 감정(감정단어 활용하여 선택하세요)

- 오늘 느꼈던 감정이 일어났을 때의 나의 행동

★ 이미지를 활용하여 나의 감정 표현하기

- 내가 선택한 이미지 카드

- 그 이미지를 선택한 이유

★ 오늘 나에게 해주고 싶은 세우는 말

★ 에피소드 끄집어내기

★ 글로 표현해 보기(위의 에피소드를 글로 엮어 작성해 보세요)

➡ 이미지 카드로 자기소개하기

- 방법

  ① 자신의 현재와 과거, 미래를 나타낼 수 있는 이미지 카드를 각 1장씩 총 3장을 선택합니다.

  ② 각자 고른 카드를 다른 사람들에게 보여주며 선택한 이유와 자신을 연결시켜 발표해봅시다.

  예) 수진이의 소개~~

과거: 어릴 때는 꿈도 많았고, 마냥 신나고 재미있는 것도 많았어요. 꿈 꾸면 다 이루어질 것 같았어요. 공부도 많이 안 해서 좋았답니다. ^^

현재: 지금은 진로고민이 제일 커요. 뭘 해야 좋을 지 알면 좋겠어요. 멋진 사람이 되고 싶은 데 어떻게 해야 할지 찾아보고 노력하고 있어요.

미래: 지금은 헤매고 있지만, 분명 멋진 결실을 얻을 거라 믿어요. 그러면 이 그림처럼 그 결실을 보며 마음이 행복할 거 같아요.

★ **사전적 의미**

★ **내가 실천할 수 있는** ________________ 란……

★ 내가 오늘 실천할 인성……

- 대 상 :

- 실천내용 :

- 상대방의 반응 :

- 느낀 점 :

★ 감정단어 활용하여 나의 감정 들여다보기

- 오늘의 감정(감정단어 활용하여 선택하세요)

- 오늘 느꼈던 감정이 일어났을 때의 나의 행동

★ 이미지를 활용하여 나의 감정 표현하기

- 내가 선택한 이미지 카드

- 그 이미지를 선택한 이유

★ 오늘 나에게 해주고 싶은 세우는 말

★ 내가 오늘 실천할 인성……

- 대 상 :

- 실천내용 :

- 상대방의 반응 :

- 느낀 점 :

★ 감정단어 활용하여 나의 감정 들여다보기

- 오늘의 감정(감정단어 활용하여 선택하세요)

- 오늘 느꼈던 감정이 일어났을 때의 나의 행동

★ 이미지를 활용하여 나의 감정 표현하기

- 내가 선택한 이미지 카드

- 그 이미지를 선택한 이유

★ 오늘 나에게 해주고 싶은 세우는 말

_________ 월 _________ 일 _________ 요일

★ 내가 오늘 실천할 인성……

　• 대 상 :

　• 실천내용 :

　• 상대방의 반응 :

　• 느낀 점 :

★ 감정단어 활용하여 나의 감정 들여다보기

　• 오늘의 감정(감정단어 활용하여 선택하세요)

　• 오늘 느꼈던 감정이 일어났을 때의 나의 행동

★ 이미지를 활용하여 나의 감정 표현하기

　• 내가 선택한 이미지 카드　　　　　• 그 이미지를 선택한 이유

★ 오늘 나에게 해주고 싶은 세우는 말

★ 내가 오늘 실천할 인성……

- 대 상 :

- 실천내용 :

- 상대방의 반응 :

- 느낀 점 :

★ 감정단어 활용하여 나의 감정 들여다보기

- 오늘의 감정(감정단어 활용하여 선택하세요)

- 오늘 느꼈던 감정이 일어났을 때의 나의 행동

★ 이미지를 활용하여 나의 감정 표현하기

- 내가 선택한 이미지 카드

- 그 이미지를 선택한 이유

★ 오늘 나에게 해주고 싶은 세우는 말

★ **내가 오늘 실천할 인성……**

- 대 상 :

- 실천내용 :

- 상대방의 반응 :

- 느낀 점 :

★ **감정단어 활용하여 나의 감정 들여다보기**

- 오늘의 감정(감정단어 활용하여 선택하세요)

- 오늘 느꼈던 감정이 일어났을 때의 나의 행동

★ **이미지를 활용하여 나의 감정 표현하기**

- 내가 선택한 이미지 카드

- 그 이미지를 선택한 이유

★ **오늘 나에게 해주고 싶은 세우는 말**

_________ 월 _________ 일 _______ 요일

★ 내가 오늘 실천할 인성……

• 대 상 :

• 실천내용 :

• 상대방의 반응 :

• 느낀 점 :

★ 감정단어 활용하여 나의 감정 들여다보기

• 오늘의 감정(감정단어 활용하여 선택하세요)

• 오늘 느꼈던 감정이 일어났을 때의 나의 행동

★ 이미지를 활용하여 나의 감정 표현하기

• 내가 선택한 이미지 카드

• 그 이미지를 선택한 이유

★ 오늘 나에게 해주고 싶은 세우는 말

★ **내가 오늘 실천할 인성……**
- 대 상 :
- 실천내용 :
- 상대방의 반응 :
- 느낀 점 :

★ **감정단어 활용하여 나의 감정 들여다보기**
- 오늘의 감정(감정단어 활용하여 선택하세요)

- 오늘 느꼈던 감정이 일어났을 때의 나의 행동

★ **이미지를 활용하여 나의 감정 표현하기**
- 내가 선택한 이미지 카드
- 그 이미지를 선택한 이유

★ **오늘 나에게 해주고 싶은 세우는 말**

★ 에피소드 끄집어내기

★ 글로 표현해 보기(위의 에피소드를 글로 엮어 작성해 보세요)

➡ 긍정적 생각 키우기

- **방법**

  나의 장점이나 긍정적인 면을 나타낼 만한 카드를 선택하여 한 사람씩 이야기를 나눕니다.
  친구가 자신의 장점이나 강점을 소개할 때 동의해주고 격려해주면 더욱 좋은 시간이 될 수 있습니다.

재림: 저는 반짝이는 아이디어를 많이 낼 수 있어요. 또 어두운 분위기나 가라앉은 분위기를 밝게 할 수 있는 사람입니다.

수현: 저는 새로운 일을 하는 데 두려움보다 해내고 싶은 생각이 커요. 도전을 많이 하고 싶고 모험을 즐기며 어려움을 극복하려고 노력해요.

수지: 저는 성실하고 시간 약속을 잘 지켜요. 변함없이 성실하게 최선을 다할 수 있어요

★ 사전적 의미

★ 내가 실천할 수 있는 ______________ 란……

★ 내가 오늘 실천할 인성……

　• 대 상 :

　• 실천내용 :

　• 상대방의 반응 :

　• 느낀 점 :

★ 감정단어 활용하여 나의 감정 들여다보기

　• 오늘의 감정(감정단어 활용하여 선택하세요)

　• 오늘 느꼈던 감정이 일어났을 때의 나의 행동

★ 이미지를 활용하여 나의 감정 표현하기

　• 내가 선택한 이미지 카드　　　　　• 그 이미지를 선택한 이유

★ 오늘 나에게 해주고 싶은 세우는 말

★ 내가 오늘 실천할 인성……

- 대 상 :

- 실천내용 :

- 상대방의 반응 :

- 느낀 점 :

★ 감정단어 활용하여 나의 감정 들여다보기

- 오늘의 감정(감정단어 활용하여 선택하세요)

- 오늘 느꼈던 감정이 일어났을 때의 나의 행동

★ 이미지를 활용하여 나의 감정 표현하기

- 내가 선택한 이미지 카드

- 그 이미지를 선택한 이유

★ 오늘 나에게 해주고 싶은 세우는 말

★ 내가 오늘 실천할 인성……

- 대 상 :

- 실천내용 :

- 상대방의 반응 :

- 느낀 점 :

★ 감정단어 활용하여 나의 감정 들여다보기

- 오늘의 감정(감정단어 활용하여 선택하세요)

- 오늘 느꼈던 감정이 일어났을 때의 나의 행동

★ 이미지를 활용하여 나의 감정 표현하기

- 내가 선택한 이미지 카드

- 그 이미지를 선택한 이유

★ 오늘 나에게 해주고 싶은 세우는 말

★ 내가 오늘 실천할 인성……

- 대 상 :

- 실천내용 :

- 상대방의 반응 :

- 느낀 점 :

★ 감정단어 활용하여 나의 감정 들여다보기

- 오늘의 감정(감정단어 활용하여 선택하세요)

- 오늘 느꼈던 감정이 일어났을 때의 나의 행동

★ 이미지를 활용하여 나의 감정 표현하기

- 내가 선택한 이미지 카드

- 그 이미지를 선택한 이유

★ 오늘 나에게 해주고 싶은 세우는 말

★ 내가 오늘 실천할 인성……

- 대 상 :

- 실천내용 :

- 상대방의 반응 :

- 느낀 점 :

★ 감정단어 활용하여 나의 감정 들여다보기

- 오늘의 감정(감정단어 활용하여 선택하세요)

- 오늘 느꼈던 감정이 일어났을 때의 나의 행동

★ 이미지를 활용하여 나의 감정 표현하기

- 내가 선택한 이미지 카드

- 그 이미지를 선택한 이유

★ 오늘 나에게 해주고 싶은 세우는 말

★ **내가 오늘 실천할 인성······**

　• 대 상 :

　• 실천내용 :

　• 상대방의 반응 :

　• 느낀 점 :

★ **감정단어 활용하여 나의 감정 들여다보기**

　• 오늘의 감정(감정단어 활용하여 선택하세요)

　• 오늘 느꼈던 감정이 일어났을 때의 나의 행동

★ **이미지를 활용하여 나의 감정 표현하기**

　• 내가 선택한 이미지 카드　　　　　　　• 그 이미지를 선택한 이유

★ **오늘 나에게 해주고 싶은 세우는 말**

★ 내가 오늘 실천할 인성……

- 대 상 :

- 실천내용 :

- 상대방의 반응 :

- 느낀 점 :

★ 감정단어 활용하여 나의 감정 들여다보기

- 오늘의 감정(감정단어 활용하여 선택하세요)

- 오늘 느꼈던 감정이 일어났을 때의 나의 행동

★ 이미지를 활용하여 나의 감정 표현하기

- 내가 선택한 이미지 카드

- 그 이미지를 선택한 이유

★ 오늘 나에게 해주고 싶은 세우는 말

★ 에피소드 끄집어내기

★ 글로 표현해 보기(위의 에피소드를 글로 엮어 작성해 보세요)

➡ **다른 사람을 세우는 말, 행복을 위한 소통의 말**

- 방법

  ① 최근의 일들을 생각해 보고 그 때 들었던 감정을 표현할 이미지카드를 찾아 봅니다.

  ② 그 상황에서 들었으면 좋았을법한 말을 카드에서 고릅니다.

  ③ 감정을 표현하는 이미지와 듣고 싶은 말 카드를 발표합니다.

  ④ 친구들이 듣고 싶은 말카드를 읽어주며 격려하는 시간을 갖습니다.

버스에서 급정거할 때 넘어졌어요. 치마입고 넘어졌으니 너무 창피해서 …
딱 이 사진처럼 제가 부서지는 것 같았어요.

저는 듣고 싶은 말 카드를 2장 골랐어요.
이 부끄러운 순간도 지나갈 거라고 말해줘요.
그리고 치마입고 벌렁 넘어졌어도 "○○야! 넌 볼수록 매력 있다"고
말해줘요. ~~~

★ 사전적 의미

★ 내가 실천할 수 있는 ＿＿＿＿＿＿＿ 란……

★ 내가 오늘 실천할 인성……

- 대 상 :

- 실천내용 :

- 상대방의 반응 :

- 느낀 점 :

★ 감정단어 활용하여 나의 감정 들여다보기

- 오늘의 감정(감정단어 활용하여 선택하세요)

- 오늘 느꼈던 감정이 일어났을 때의 나의 행동

★ 이미지를 활용하여 나의 감정 표현하기

- 내가 선택한 이미지 카드

- 그 이미지를 선택한 이유

★ 오늘 나에게 해주고 싶은 세우는 말

_________ 월 _________ 일 _________ 요일

★ 내가 오늘 실천할 인성……

- 대 상 :

- 실천내용 :

- 상대방의 반응 :

- 느낀 점 :

★ 감정단어 활용하여 나의 감정 들여다보기

- 오늘의 감정(감정단어 활용하여 선택하세요)

- 오늘 느꼈던 감정이 일어났을 때의 나의 행동

★ 이미지를 활용하여 나의 감정 표현하기

- 내가 선택한 이미지 카드

- 그 이미지를 선택한 이유

★ 오늘 나에게 해주고 싶은 세우는 말

★ **내가 오늘 실천할 인성……**

- 대 상 :

- 실천내용 :

- 상대방의 반응 :

- 느낀 점 :

★ **감정단어 활용하여 나의 감정 들여다보기**

- 오늘의 감정(감정단어 활용하여 선택하세요)

- 오늘 느꼈던 감정이 일어났을 때의 나의 행동

★ **이미지를 활용하여 나의 감정 표현하기**

- 내가 선택한 이미지 카드
- 그 이미지를 선택한 이유

★ **오늘 나에게 해주고 싶은 세우는 말**

★ 내가 오늘 실천할 인성······
- 대 상 :
- 실천내용 :
- 상대방의 반응 :
- 느낀 점 :

★ 감정단어 활용하여 나의 감정 들여다보기
- 오늘의 감정(감정단어 활용하여 선택하세요)

- 오늘 느꼈던 감정이 일어났을 때의 나의 행동

★ 이미지를 활용하여 나의 감정 표현하기
- 내가 선택한 이미지 카드
- 그 이미지를 선택한 이유

★ 오늘 나에게 해주고 싶은 세우는 말

★ 내가 오늘 실천할 인성……

- 대 상 :

- 실천내용 :

- 상대방의 반응 :

- 느낀 점 :

★ 감정단어 활용하여 나의 감정 들여다보기

- 오늘의 감정(감정단어 활용하여 선택하세요)

- 오늘 느꼈던 감정이 일어났을 때의 나의 행동

★ 이미지를 활용하여 나의 감정 표현하기

- 내가 선택한 이미지 카드

- 그 이미지를 선택한 이유

★ 오늘 나에게 해주고 싶은 세우는 말

__________월 __________일 __________요일

★ **내가 오늘 실천할 인성……**

- 대 상 :

- 실천내용 :

- 상대방의 반응 :

- 느낀 점 :

★ **감정단어 활용하여 나의 감정 들여다보기**

- 오늘의 감정(감정단어 활용하여 선택하세요)

- 오늘 느꼈던 감정이 일어났을 때의 나의 행동

★ **이미지를 활용하여 나의 감정 표현하기**

- 내가 선택한 이미지 카드　　　　　　　　　　· 그 이미지를 선택한 이유

★ **오늘 나에게 해주고 싶은 세우는 말**

★ 내가 오늘 실천할 인성……

- 대 상 :

- 실천내용 :

- 상대방의 반응 :

- 느낀 점 :

★ 감정단어 활용하여 나의 감정 들여다보기

- 오늘의 감정(감정단어 활용하여 선택하세요)

- 오늘 느꼈던 감정이 일어났을 때의 나의 행동

★ 이미지를 활용하여 나의 감정 표현하기

- 내가 선택한 이미지 카드

- 그 이미지를 선택한 이유

★ 오늘 나에게 해주고 싶은 세우는 말

★ 에피소드 끄집어내기

★ 글로 표현해 보기(위의 에피소드를 글로 엮어 작성해 보세요)

🡢 스토리텔링

• 방법

친구들과 이미지, 말, 감정카드, 덕목 중 몇 장을 임의로 뽑은 후 스토리로 만들어 발표하며 재미있는
시간을 가져봅시다.

좋은 친구들을 만났습니다.
어릴 때부터 친한 친구로 만나 서로 사이좋게 지냈습니다..

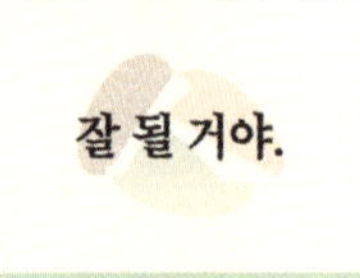

우리 사이는 변함없이 잘 될 줄 알았어요.

그렇지만, 시간이 지나면서 조금씩 서로의 사이가 삐걱대며 잘 맞지 않았어요.
무슨 말을 해도 이 톱니바퀴처럼 의견이 맞지 않았죠.

마냥 울고 싶지만 참았어요. 하지만 누군가 내게 울어도 된다고 말해
주었어요. 펑펑 울며 고개를 들어보니 친구들이 같이 울고 있더라구요.

우린 다시 서로를 의지하며 지내기로 했어요. 다시 의견이 맞지
않아도 우리는 서로에게 좋은 친구가 될거예요.

정직	존중	인내	도전	용기	자기조절	성실	믿음	책임	나눔
용서	감사	협동	공감	경청	예의	배려	소통	약속	효

★ 인성포트폴리오를 통해서 자신이 성장했다고 생각되는 것을 하나 선택하여 자기소개
서를 써 보세요.

• 주제 찾기 :

• 얼개 짜기

S (Situation/상황)	
T (Task/과제)	
A (Action/행동)	
R (Result/결과)	

두런두런

인성 이야기

초판 인쇄	2015년 9월 10일
초판 발행	2015년 9월 15일

저자	이강석, 이남현, 김경미, 이성옥, 류경신
발행인	이진곤
발행처	씨앤톡
	출판등록 제 313-2003-00192호(2003년 5월 23일)
	주소 서울특별시 서대문구 연희로 5길 82 2층
	전화 02-338-0092
	팩스 02-338-0097
	홈페이지 www.seentalk.co.kr
	E-mail seentalk@naver.com

ISBN   978-89-6098-405-9 14370 / 978-89-6098-404-2 14370(세트)

*이 도서의 국립중앙도서관 출판예정도서목록(CIP)은 서지정보유통지원시스템 홈페이지(http://seoji.nl.go.kr)와 국가자료공동목록시스템(http://www.nl.go.kr/kolisnet)에서 이용하실 수 있습니다.(CIP제어번호: CIP2015019544)